Portugal
Ensaio contra a autoflagelação

Portugal
Ensaio contra a autoflagelação

Boaventura de Sousa Santos

Segunda edição actualizada
Com um novo prefácio
e o *Diário da Crise*

2012

ALMEDINA

PORTUGAL
ENSAIO CONTRA A AUTOFLAGELAÇÃO
SEGUNDA EDIÇÃO ACTUALIZADA
COM UM NOVO PREFÁCIO
E O *DIÁRIO DA CRISE*

EDITOR
EDIÇÕES ALMEDINA, S.A.
Rua Fernandes Tomás, n.os 76, 78 e 80
3000-167 Coimbra
Tel.: 239 851 904 · Fax: 239 851 901
www.almedina.net · editora@almedina.net

CAPA
"Desfiladeiro", 2008, de Carlos No
Colecção Gábor Kozák, Budapeste
Cortesia Galeria Arthobler, Porto e Lisboa
Fotografia: Tatiana Macedo

DESIGN DE CAPA
FBA.

PRÉ-IMPRESSÃO
Jorge Sêco

IMPRESSÃO E ACABAMENTO
PAPELMUNDE, SMG, LDA.

Janeiro, 2012

DEPÓSITO LEGAL
338506/12

ALMEDINA | GRUPOALMEDINA

BIBLIOTECA NACIONAL DE PORTUGAL – CATALOGAÇÃO NA PUBLICAÇÃO

SANTOS, Boaventura de Sousa, 1940-

Portugal – Ensaio contra a Autoflagelação – 2.ª ed. actualiz.
ISBN 978-972-40-4730-0

CDU 316
338
32

Índice

Prefácio da segunda edição portuguesa

Este livro foi bem recebido pelo público e as Edições Almedina solicitaram-me a preparação de uma nova edição. Actualizei o texto em função dos acontecimentos que se sucederam à publicação da primeira edição do livro (Maio de 2011) e acrescentei um novo capítulo intitulado *Diário da Crise*. Longe ser uma cronologia da crise, este novo capítulo consta de um conjunto de artigos de opinião sobre o desenrolar da crise que fui publicando ao longo dos últimos meses na imprensa portuguesa e internacional. Alguns destes textos precedem a publicação do livro, e alguns deles foram traduzidos para espanhol, italiano, inglês e grego e publicados em diferentes órgãos de comunicação social. As datas da publicação são cruciais para entender o modo como tenho vindo a reflectir sobre a crise à medida que a crise se tem vindo a reflectir em mim, nas minhas convicções, nas minhas solidariedades, nos caminhos insondáveis da busca de objectividade sem neutralidade.

Junto o prefácio da edição brasileira. O editor brasileiro dos meus livros (Cortez Editora, de São Paulo) mostrou interesse em publicar este livro, apesar de ser um livro muito diferente – tanto no tema como na estratégia analítica e narrativa – dos que publicou anteriormente. O prefácio é o meu modo de explicar o contexto do texto aos leitores de um país estrangeiro mas fraterno, que partilha connosco, para o bem e para o mal, uma longa história. Nessa medida, pode também ter interesse para os leitores portugueses.

Os tempos de crise transformam os cientistas sociais em seres particularmente divididos. Baseados no conhecimento que foram acumulando, escrevem sobre o provável agravamento de crise, mas fazem-no com a secreta esperança de que não aconteça. Fazem propostas sobre os caminhos de solução que onerem menos a qualidade de vida da grande maioria dos cidadãos, mas fazem-no com o secreto temor de que elas não sejam viáveis. Ou seja, ora querem ser surpreendidos pela realidade e temem não sê-lo, ora não querem ser surpreendidos pela realidade e temem sê-lo. Expõem-se na esfera pública e devem fazê-lo com humildade, para não terem de cair em qualquer das inúteis arrogâncias em que infelizmente é comum cair-se, a arrogância do "eu bem avisei" e a arrogância do "não era previsível". As crises, quando se aprofundam, são uma vertigem que se parece muito com estagnação. O que se degrada aceleradamente torna ainda mais gritante a inércia, a omissão, a desistência, a exaustão dos instrumentos e actores que podiam impedir ou minimizar a degradação. Os cidadãos são postos na posição de ver passar os comboios, sem saberem que os comboios não os vêem a eles e que, por isso, poderão trucidá-los a qualquer momento.

Os últimos meses confirmaram muitas das previsões que fiz e infelizmente tornaram mais difíceis, pelo menos por agora, as soluções que propus para minimizar os custos sociais da saída da crise. Acima de tudo, foram meses que tornaram mais transparentes os interesses que estão em causa, os bloqueios institucionais e ideológicos que impedem soluções e os riscos que corremos. Paradoxalmente, a construção do tempo em que vivemos torna-se mais visível por entre os muitos andaimes que a sustentam. Se atrás dos andaimes há de facto uma construção é a pergunta que muitos fazem.

Vejamos, pois, algumas das dimensões da transparência.

Insustentabilidade do status quo. No actual quadro institucional europeu, e tendo em mente a desregulação dos mercados financeiros, o euro, este euro, é insustentável. Construído assimetricamente, à medida dos interesses dos países mais desenvolvidos do bloco europeu, e dominado pela ortodoxia económica do neoliberalismo, o euro tende a provocar mais desigualdade social entre os países europeus e dentro de cada um deles. Os desequilíbrios comerciais entre os países acentuar-se-ão com os fluxos financeiros entre eles. Internacionalmente, a força do bloco europeu será medida cada vez mais pela força dos seus componentes mais fracos. Por outro lado, ao transformar os salários, directos e indirectos, na única variável de ajustamento em contexto de crise, cria-se uma irracionalidade a nível europeu a partir do que se defende ser a solução racional a nível de cada país: a redução dos salários reduz os custos e gera competitividade mas, como a vitalidade da economia depende tanto de quem produz como de quem consome, com salários mais baixos os trabalhadores consumirão menos e quem produz verá os seus lucros caírem. Uma crise económica que vê a sua solução na guerra aos salários traz em si a injustiça social, o empobrecimento global e a instabilidade social e politica. No último texto do *Diário da Crise* apresento dois cenários de solução da crise, ambos assentes na insustentabilidade do status quo.

Quem manda no mundo? Os movimentos dos indignados insurgem-se contra a concentração da riqueza e o poder que ela tem de influenciar a política. Os movimentos do "Occupy Wall Street" em Nova Iorque e outras cidades dos EUA e do mundo dizem falar em nome dos 99% contra os 1% que concentram a riqueza e o poder. Tudo isto parece ser ideologia pouco consistente, teoria da conspiração infundada, slogans para mobilizar as massas mas sem ponta de verdade. Ora a verdade é que a ciência parece apostada em comprovar cientificamente o grito da rua. Está a causar algum furor nos meios científicos um estudo de especialistas de teorias de sistemas da Universidade Técnica de Zurique sobre a rede do poder global das grandes empresas transnacionais (Vitali, Glattfelder e Battiston, 2011). Partindo da base de dados sobre a propriedade das acções de

43.060 empresas transnacionais em 2007 e recorrendo a metodologias altamente sofisticadas, estes autores analisaram a rede de relações de propriedade entre elas e chegaram à conclusão de que um pequeno grupo de 147 empresas (a que chamam "super-entidade") controla 40% da riqueza global da rede. Fazem-no através do que designam por interconectividade intensa, ou seja, o controlo de redes de investimento que abrangem um número imenso de empresas e investidores activos em muitos países. A interconectividade permite gerar lucros enquanto tudo corre "normalmente". No entanto, se ocorrer uma falha sistémica (uma crise, em linguagem corrente), por mais pequena que seja, o efeito cascata que tende a produzir pode ser avassalador. As 147 empresas são menos do que o 1% denunciado pelo movimento dos ocupantes. Entre as 20 mais importantes, há empresas que não são conhecidas do grande público, mas estão lá Barclays, JP Morgan, UBS, Merril Lynch, Deutsche Bank, Goldman Sachs.

Pode alguém sentir-se surpreendido pelo facto de os três tecnocratas recentemente chamados para resolver as crise financeira da Europa – Lucas Papademos (Grécia), Mário Monti (Itália), Mário Draghi (Banco Central Europeu) – serem ex-funcionários da Goldman Sachs? Alguém de boa fé acredita que estes senhores, que passaram toda a vida a zelar pelos interesses dos credores e nessa base construíram brilhantes carreiras e chorudos rendimentos, possam agora servir os interesses dos devedores, ou sequer entender os interesses deles se estes não coincidirem com os dos credores?

Crise da esquerda ou crise da democracia? As eleições em Portugal e na Espanha significaram uma grande derrota das esquerdas no seu conjunto, e especialmente dos Partidos Socialistas. Em face disto, a maioria dos comentários políticos concluiu pela chamada crise da esquerda na Europa. Outros processos eleitorais recentes (o mais significativo de todos na Inglaterra) parecem confirmar este diagnóstico. Ao longo deste livro, analiso com algum detalhe o trajecto da esquerda sobretudo social-

-democrática (PS) e concluo que, ou esta se refunda em aliança com outras esquerdas à sua esquerda, ou se torna irrelevante. Tal como existe, o seu declínio começou simbolicamente com a queda do Muro de Berlim e é irreversível.

No entanto, ao contrário do pensamento político dominante, não penso que a crise resida nas derrotas eleitorais ou estas sejam um reflexo linear dela. Os cidadãos europeus estão a passar um momento histórico que, apesar de prolongado, é vivido como um estado de choque. Os países desenvolvidos estarão a entrar num processo de subdesenvolvimento? A seta do progresso que a Europa empunhou pelo mundo fora ao longo de séculos convenceu os europeus (os países não europeus foram, quando muito, convencidos à força) que a seguir ao subdesenvolvimento vinha o desenvolvimento. Como entender o que se passa? Estará a seta baralhada, já que a direcção parece ser agora do desenvolvimento para o subdesenvolvimento? E, se assim for, o que vem depois do subdesenvolvimento?

Perante o choque que estas questões provocam, os europeus estão a votar contra os governos que decidiram as medidas de austeridade. Fazem-no no entendimento, talvez subconsciente, que, mudando de governo, se mudará de política. Por essa razão, é provável que Sarkozy seja punido nas próximas eleições. O que sucederá quando os europeus chegarem à conclusão de que a mudança de governo não traz mudança de política? Que sucederá quando concluírem que Papademos, Monti e Draghi têm diferentes passaportes mas, de facto, têm todos a mesma nacionalidade, a da Goldman Sachs? Que significado atribuirão à democracia quando chegarem a essa conclusão? Ao longo do *Diário da Crise*, defendo que a existência de mercados financeiros não regulados é incompatível com a democracia. Defendo que, a nível nacional, as classes sociais dominantes e as elites políticas ao seu serviço utilizam a crise para destruir o Estado social, desvalorizar os rendimentos do trabalho e provocar a concentração da riqueza. Que outra explicação pode existir para o facto de o

Estado resgatar bancos (e, de facto, nacionalizá-los) e não assumir a sua direcção efectiva, pondo-os ao serviço dos empresários e dos trabalhadores que querem criar riqueza real, a única que conta para o país? Que outra explicação pode existir para o facto de as privatizações se transformarem num acto de privataria, a riqueza nacional vendida a preço de saldo, tal como aconteceu na Rússia pós-soviética, trazendo no seu bojo uma nova máfia de bilionários?

Estou hoje convencido de que o futuro da democracia europeia (e mesmo mundial) está nas mãos dos movimentos sociais que têm vindo a indignar-se com este estado de coisas, a ocupar as ruas e as praças, perante a constatação de que a democracia institucional está ocupada por interesses minoritários e anti-democráticos, e a exigir democracia real e verdadeira. Com o tipo de organicidade que escolheram e provavelmente manterão, não serão eles próprios as fazer as mudanças necessárias para refundar a democracia, mas serão eles, sem dúvida, o motor delas. Foram os movimentos sociais que, na década de 2000, levaram ao poder governos progressistas na América Latina, governos apostados em criar mercados internos, promover alguma redistribuição da riqueza e, para isso, dispostos a desobedecer às imposições dos mercados financeiros e suas agências. A Europa não é a América Latina e os europeus estão marcados a ferro e fogo pelo preconceito histórico que o colonialismo lhes auto-infligiu, o preconceito que os leva a menosprezarem ou ignorarem tudo o que não cabe na caixa das ferramentas da missão civilizadora (agora, mais caixão que caixa). Mas a crise está a mostrar que a Europa vai encolhendo à medida que o mundo não europeu vai aumentando. O provincianismo europeu consiste em a Europa ainda não se ter dado conta de que é uma pequena província do mundo.

Prefácio da primeira edição portuguesa

O filósofo espanhol Ortega y Gasset dizia há cerca de um século que o problema era a Espanha e a solução era a Europa. Hoje não podemos dizer o mesmo a respeito de Portugal, pois se Portugal é o problema, a Europa, esta Europa, tão pouco é a solução.

Há algumas décadas que o ser e o estar não nos eram tão problemáticos. Vivemos um intenso episódio de ser, que é também um episódio de não-ser. Somos portugueses do mesmo modo que somos europeus? Entretanto, estamos mas a instabilidade de estar é tão grande que nos sentimos desinstalados. Estamos em Portugal do mesmo modo que estamos na Europa? Estamos sendo em múltiplas desproporções. Estamos sendo uma miniatura da dívida externa ou a dívida externa está sendo uma miniatura de nós? Estamos sendo os retornados da Europa, sem nunca daqui termos saído, chegados repentina e atabalhoadamente na ponte aérea das cotações de bolsa e das notações da dívida?

Embora isso pouco nos console, é um momento de perigo que partilhamos com muitos outros dentro e fora da Europa. Esse perigo tem dimensões urgentes e muito nossas mas, apesar disso, o seu sentido pleno reside num horizonte de dilemas e desafios que em muito nos superam, um horizonte onde as urgências do agir já se confundem com o imperativo de mudar de civilização que, certamente, não se cumprirá amanhã.

Os agentes do medo estão no terreno e falam várias línguas inclusive a nossa mas o discurso do terror pouco varia. Somos cidadãos precários antes e depois de sermos trabalhadores precários. Se outros passam por dificuldades semelhantes, as causas das dificuldades por que passamos não podem estar exclusivamente em nós. Apesar disso, como se lerá adiante, não é de agora que Portugal é um alvo fácil de críticas fáceis.

A aceleração do momento faz-nos esquecer que as decisões urgentes dificilmente são grandes decisões. Discutimos o projecto da casa ou apenas a cor dos azulejos da cozinha? Estamos a assistir a uma destruição ou a uma construção? E discutimos com quem? Com bombeiros ou com construtores civis? Discutimos entre nós e com outros ou discutimos entre nós enquanto outros discutem sobre nós? Discutimos entre nós a cor dos azulejos enquanto outros discutem o projecto da nossa casa? E a casa será habitável?

Não obstante o período apinhado de urgências que vivemos, merece a pena reflectir dentro do momento como se ele tivesse janelas e ousar fazer propostas para além das imposições e contra elas. É muito o que está em causa.

Estamos a assistir ao desenvolvimento do sub-desenvolvimento do nosso país e aparentemente assistimos passivamente. Como se isso nos abalasse tanto quanto o recente maremoto do Japão. Como se o país fosse um lugar distante, habitado por gente que conhecemos mal, por quem não temos especial estima e que certamente merece o fardo que lhe cabe carregar. Ouvindo ou lendo alguns comentadores dá a impressão de que são alemães no seu próprio país. Dissecam a realidade nacional como se fossem médicos legistas, esquartejando o cadáver, como se não fossem parte dele. Outros, os super-ricos, a quem o dinheiro dá direito à sabedoria encartada, declaram-se revoltados com a pobreza e as pensões de miséria, como se a pobreza fosse um pecado de que a sua riqueza está inocente. E quase todos flagelam o país, como se as causas da nossa crise financeira não fossem sistémicas e, portanto, em parte, estranhas à nossa acção, por mais desastrada que tenha sido.

A autoflagelação é a má consciência da passividade e não é fácil superá-la num contexto em que a passividade, quando não é querida, é imposta. Estamos a ser agidos. Nosso é apenas um nome em nome do qual outros agem para o bem que só é nosso se for também deles. Para agirmos temos de desviar os olhos desta paisagem e caminhar no escuro por alguns momentos até chegarmos às suas traseiras para ver os andaimes que a sustentam, observar a azáfama que por lá vai e identificar os lanços vazios à espera da nossa acção. O objectivo deste livro é identificar alguns desses lanços e, com isso, reconstruir a esperança a que temos direito. Esperar sem esperança seria o pior que nos poderia acontecer. O nosso inconformismo ante tal cenário deve ser radical.

No capítulo 1, faço breves precisões conceituais sobre as crises e suas soluções. No capítulo 2, apresento uma reconstrução histórica de algumas contas mal feitas na nossa vida colectiva e nas nossas relações com a Europa. No capítulo 3, analiso o possível impacto das medidas de austeridade recessiva na vida dos portugueses. No capítulo 4, proponho algumas medidas para sairmos da crise com dignidade e com esperança, tanto medidas de curto prazo como medidas de médio prazo. No capítulo 5, centro-me nos desafios se levantam às soluções que só fazem sentido se adoptadas a nível europeu e mundial. O maior desses desafios é travar e se possível inverter a preocupante proliferação do que designo por fascismo social. No capítulo 6, defendo a necessidade e a possibilidade de um outro projecto europeu mais inclusivo e solidário. Finalmente no capítulo 7, defendo que a outra Europa possível só se concretizará na medida em que ela for capaz de partilhar os desafios da luta por um outro mundo muitíssimo mais vasto, mas, tal como ela, possível e urgente.

Este livro não seria possível se eu não realizasse a minha investigação no Centro de Estudos Sociais da Faculdade de Economia da Universidade de Coimbra. Muito do que se segue é o resultado de saber que vem sendo partilhado há muitos anos. De maneira mais próxima, ajudaram-me na preparação deste livro António Casimiro Ferreira, Catarina Frade, Conceição Gomes, Elísio Estanque, Hermes Costa, José Manuel Mendes, José Manuel Pureza, José Maria Castro Caldas, Margarida Gomes, Maria Irene Ramalho, Maria Paula Meneses, Paulo Peixoto, Pedro Hespanha, Sílvia Portugal e João Rodrigues. A todas e todos, o meu muito obrigado. Um agradecimento muito especial a três colegas que leram e reviram todo o manuscrito, José Manuel Mendes, José Maria Castro Caldas e Maria Irene Ramalho. Entre os meus colegas de outros países, destaco as ajudas preciosas de Alberto Acosta, do Equador, Eric Toussaint, da Bélgica, Norma Giarracca e Miguel Teubal, da Argentina, e António M. Cunha, um transmontano de gema radicado nos EUA. Um agradecimento veemente a todos eles. Sem o trabalho eficientíssimo da minha assistente de investigação, Margarida Gomes, e o apoio sem falhas da Lassalete Simões este manuscrito seria diferente e pior. Agradecer-lhes é sempre reconhecer menos que o devido. O artista Carlos No cedeu gentilmente o motivo de arte da capa, o que muito agradeço.

Prefácio da edição brasileira

Este livro foi escrito para responder ao desafio de entender a crise financeira conjuntural e de curta duração, assim se espera, que Portugal vive neste momento e de a analisar à luz de outras crises estruturais e de mais longa duração, algumas específicas do país, outras englobando a Europa e outras ainda o mundo no seu todo.

Longe de ser um desafio de compreensão contemplativa, tratou-se de compreender para propor alternativas ao pensamento único neoliberal que hoje domina na Europa mais do que em qualquer outra parte do mundo. Talvez esta asserção surpreenda os leitores brasileiros, habituados a imaginar a Europa como a mãe do capitalismo socialmente responsável, capaz de combinar altos níveis de produtividade com altos níveis de protecção social, o continente das classes médias amplas sustentadas pela redistribuição social tornada possível pelo modelo social europeu.

Procuro mostrar ao longo do livro que esse imaginário da Europa corresponde cada vez menos à realidade, que os partidos de governo nacional, tanto à direita como à esquerda, e as instâncias de governo europeu se deixaram capturar pela voracidade do neoliberalismo e da sua arma de destruição massiva, o capital financeiro, a forma de capital mais hostil à deliberação democrática e à socialização da economia.

Ao ler este livro, os brasileiros – tal como aconteceria com os latinoamericanos em geral, os asiáticos e os africanos – terão a sensação do *dejá vu*, pois, em décadas anteriores, foram eles as vítimas privilegiadas do neoliberalismo e do seu receituário destrutivo da soberania e da justiça social. Mesmo assim, talvez se surpreendam porque terão imaginado que agências do neoliberalismo (Banco Mundial, Fundo Monetário Internacional) actuavam apenas nos países em desenvolvimento e com o objectivo de os disciplinar segundo as normas dos países desenvolvidos, os quais, por definição, não teriam de ser disciplinados. A verdade é, no entanto, mais complexa. A crise do *sub-prime* de 2008 nos EUA e a "resolução" que lhe foi dada revelaram que o capital financeiro tinha entretanto "disciplinado" o país mais desenvolvido do mundo. Faltava disciplinar a Europa. É o que está em curso.

Sem querer, de modo nenhum, desculpar os erros e as incompetências de governação interna – e no caso grego, a falsificação grave das contas nacionais para entrar na União Europeia e para disfarçar a incapacidade de cumprir os critérios de convergência – é hoje evidente que as sérias dificuldades por que passam a Grécia, Portugal e a Irlanda, não representando mais de 6% do PIB europeu, seriam facilmente resolúveis se o projecto europeu ainda existisse nos termos em que a grande maioria dos cidadãos o imaginava, um espaço de integração económica e política e de cooperação intergovernamental pautada pelos objectivos da coesão social e da convergência real.

Pode argumentar-se que tal imaginação assentava mais em desejos do que em realidades, bastando para isso ter em mente que orçamento comunitário não é mais que 1% do PIB do conjunto dos países que integram a União Europeia. Mas, mesmo assim, era imaginável que a força económica da Europa no seu conjunto fosse suficiente para, tomadas as medidas necessárias nos tempos exactos, poupar os países europeus menos desenvolvidos à voragem da especulação financeira e das arbitrariedades das agências de *rating*. Dificilmente os europeus podiam imaginar que o risco da economia grega fosse o dobro do risco da economia paquistanesa.

Minando-o por dentro, o neoliberalismo transformou o sonho europeu num pesadelo com o objectivo, cada vez mais obvio, de riscar definitivamente do planeta o modelo de protecção social universal e de alto nível que a Europa construiu a partir das ruínas do pós-guerra com base nas lutas sociais e para vencer a Guerra Fria. A crise do Sul da Europa, em que está já envolvida a Espanha, mostra que *este* projecto europeu acabou. Neste livro, defendo que, no contexto europeu, a saída progressista da crise não está no recuo para nacionalismos defensivos, os quais, aliás, serão sempre a imagem invertida dos nacionalismos agressivos. Reside antes na refundação democrática do projecto europeu.

Este livro foi pensado ao longo de muitos anos mas foi escrito caminhando em cima de brasas vivas, tentando manter a serenidade dentro da vertigem dos acontecimentos e exercitar a análise crítica dentro do compromisso político. O olhar calibrado para ver o país teve de ser constantemente recalibrado para ver a Europa e o mundo. O reconhecimento pleno da força avassaladora das circunstâncias não pôde paralisar a luta por alternativas dignas. A inelutabilidade da espera não ofuscou o apelo inabalável da esperança.

No prefácio à edição portuguesa descrevo o complexo contexto português e apresento o itinerário do livro. Ao leitor brasileiro não escapará que este livro não seria o mesmo se não tivesse na sua bagagem uma década de intenso envolvimento no processo do Fórum Social Mundial.

Capítulo 1
As identidades das crises

O modo como se define uma crise e se identificam os factores que a causam tem um papel decisivo na escolha de medidas que a superem e na distribuição dos custos sociais que estas possam causar. A luta pela definição da crise é, assim, um acto iminentemente político e para esclarecer a sua natureza é preciso algum esforço analítico. Antes de mais, há que fazer algumas distinções. A primeira diz respeito aos horizontes temporais de definição e de solução da crise. Portugal vive uma crise financeira de curto prazo, uma crise económica de médio prazo e uma crise político-cultural de longo prazo. No plano financeiro, é a urgência do financiamento do Estado. No plano económico, trata-se da falta de competitividade internacional da economia portuguesa devido à qualidade da sua especialização (não é a mesma coisa vender sapatos ou vender aviões) e ao facto de estar integrada num bloco económico dotado de uma moeda excessivamente forte que favorece as economias mais desenvolvidas do mesmo. No plano político-cultural, trata-se de um défice histórico na formação das elites políticas, económicas e sociais causado por um ciclo colonial excessivamente longo que permitiu durante demasiado tempo o recurso a soluções fáceis para problemas difíceis e a saídas ilusórias para bloqueios reais. Como os três tempos se imbricam e com eles as crises que lhes correspondem, dar exclusiva atenção a uma das crises pode tornar mais difícil a solução das outras. É o que ocorre actualmente: a solução da crise financeira vai agravar a crise económica (impossibilidade de investimento e crescimento) e prolongar a crise político-cultural (a facilidade que as nossas elites tiveram enquanto elites colonizadoras reproduz-se agora na facilidade com que assumem o estatuto de elites colonizadas pela Europa desenvolvida).

As crises têm também diferentes horizontes espaciais ou escalas para a sua definição e para a sua superação: escalas nacionais, regionais e globais. O caso português ilustra exemplarmente o modo como uma crise nacional, que na aparência se está a resolver a nível regional (europeu), pode, de facto, estar a agravar uma crise regional que, por sua vez, só será resolúvel a nível global. À medida que as crises financeiras alastrarem a mais países europeus tornar-se-á claro que a crise é europeia e que decorre em boa parte de um sistema financeiro desregulado, controlado pelos interesses do capital financeiro norte-americano. Só uma regulação global, regional e nacional pode pôr fim a uma tão massiva predação financeira e a uma tão injusta distribuição dos seus custos.

Se tomarmos o mundo como unidade de análise, constatamos que as crises estão globalmente relacionadas, mesmo que apresentem diferentes facetas e diferentes intensidades em diferentes países. As facetas são talvez mais numerosas hoje que antes – crise financeira, económica, política, ambiental, energética, alimentar, civilizacional – e apresentam-se de modo distinto nas diferentes regiões do mundo. Por exemplo, o Japão vive hoje uma grave crise energética e ambiental, tão profunda que aponta para uma crise civilizacional que o transcende em muito, enquanto em África se vive intensamente a crise ambiental e alimentar e na Tunísia, Egipto e Líbia a crise política abala profundamente estes países. Dentro de cada país, as crises são vividas de modo distinto por diferentes classes ou grupos sociais. Em África, na Índia e na América Latina os camponeses estão a viver uma nova dimensão da crise causada pelo novo interesse do capitalismo global na compra de terra. Trata-se da aquisição massiva de terra por parte de empresas multinacionais, agentes financeiros e mesmo Estados estrangeiros que fazem tábua rasa dos direitos ancestrais dos camponeses e os expulsam do seu mundo rural. Por sua vez, os povos indígenas da América Latina têm contribuído decisivamente nas duas últimas décadas para dar visibilidade à dimensão civilizacional da crise, ou seja, para a concepção da crise global do capitalismo, não apenas como crise de um modo de produção, mas sobretudo como crise de um modo de vida, de convivência e de relação com a natureza. Devemos ainda ter presente que o eclodir ou a intensificação de uma certa faceta da crise pode produzir a ocultação de outras facetas. Por exemplo, na última década a Europa foi a parte do mundo desenvolvido que mais atenção deu à crise ambiental; no momento em que estalou a crise financeira nunca mais se falou de crise ambiental e as propostas de crescimento económico que hoje são feitas contradizem o que há poucos anos parecia evidente: que este tipo de crescimento conduz a breve prazo (segundo a ONU, 2015) a um aquecimento global irreversível.

Acresce que, em cada país, a solução da crise para uns pode significar o seu agravamento para outros. Sempre que a crise é causada pelo capital financeiro, a transparência da distribuição dos custos e dos benefícios de uma dada solução é particularmente evidente. Por exemplo, no dia seguinte ao pedido de ajuda financeira externa por parte do governo português, as cotações bolsistas dos bancos portugueses subiram e, com elas, as expectativas de lucros do sector bancário. Isto ocorreu no exacto momento em que se decretou o empobrecimento da grande maioria dos portugueses.

A diversidade das experiências de crise e das soluções propostas combina-se hoje com o facto de vivermos num mundo muito mais transparente para si próprio. A revolução das tecnologias de informação e da comunicação torna possível um nível de interconhecimento global que permite comparar experiências e mostrar a relatividade das soluções adoptadas para resolver as crises. Assim, as soluções que se apresentam como pretensamente únicas num país ou numa região podem ser postas em causa por soluções opostas que, para crises afins, são propostas noutro país ou região e por vezes igualmente apresentadas como únicas. Um exemplo. Enquanto no Brasil de hoje as despesas com políticas sociais (educação, saúde, protecção social) são consideradas como um investimento que propicia o crescimento,[1] na Europa tais despesas são sentidas como um custo que impede o crescimento e como tal devem ser reduzidas ao mínimo. Perante este paradoxo, podemo-nos perguntar se estamos perante dois mundos diferentes ou se a social-democracia desertou da Europa e emigrou para o Brasil. Quem está errado? Podem os dois estar certos? Mas, nesse caso, porque não escolher a solução que cria bem-estar para as grandes maiorias em vez da que cria mal-estar?

Esta diversidade mostra que todas as soluções têm alternativas e que toda a ausência de alternativa é produto de uma decisão política. Aliás, a mesma relatividade das soluções se evidencia se, em vez de alargarmos o espaço de análise, alargarmos o tempo de análise. Exemplo: a partir da década de 1930, o Estado aumentou exponencialmente a sua intervenção na economia para garantir a eficiência e a estabilidade que os mercados por si não conseguiam garantir, como ficou demonstrado com a Grande Depressão de 1929. Cinquenta anos depois, com a emergência do neoliberalismo, passou a vigorar, com o mesmo grau de evidência, a ortodoxia oposta que são os mercados que garantem a eficiência e a estabilidade e que é o Estado que as impede. O Estado e os mercados podem ser simultaneamente

[1] O Comunicado 75 do prestigiado IPEA (Instituto de Pesquisa Económica Aplicada) de 3 de Fevereiro de 2011 mostra de modo convincente que os gastos com as políticas sociais têm sido uma alavanca para o crescimento com distribuição de rendimento.

os causadores das crises e as suas soluções? Afinal, crises de quê e de quem, soluções para quê e para quem?

As mesmas precisões analíticas devem ser feitas a respeito das soluções das crises. As escalas e os tempos das crises determinam as escalas e os tempos das soluções, mas a determinação é complexa. Por exemplo, a crise ambiental, que é global e de longo prazo, é vivida a nível local e é a esse nível que vão surgindo soluções inovadoras para a resolver, ainda que saibamos que acabarão por ser ineficazes se entretanto não forem tomadas medidas de âmbito global. Por outro lado, a crise ambiental, uma crise de longo prazo que aponta para mudanças civilizacionais, é hoje vivida com um carácter de urgência cuja solução implica medidas imediatas, como sejam as que reduzem as emissões de dióxido de carbono.

Quando eclode uma crise, nem o momento nem os termos da crise são fortuitos. Nas sociedades capitalistas contemporâneas, atravessadas por profundas assimetrias e contradições, quem causa uma dada crise tem normalmente poder para definir os seus termos e consequentemente para identificar, como únicas possíveis, as soluções que lhe permitam sobreviver à crise e perpetuar o seu poder. Foi isto que aconteceu quando em 2008 eclodiu a crise financeira nos EUA, cujas repercussões continuamos a viver. Contrariamente aos que viram na crise o fim do neoliberalismo e da supremacia do capital financeiro sobre o capital produtivo, a crise tem vindo a ser "resolvida" pelo mesmo capital financeiro que a provocou e o seu motor principal, a *Wall Street*, está hoje mais forte e arrogante que antes. A luta política dos próximos anos será uma luta pela redefinição dos termos da crise e só na medida que esta ocorrer será possível punir, em vez de recompensar, quem a provocou e encontrar soluções que efectivamente a superem. É uma luta de contornos imprevisíveis. Quando muito, é possível identificar horizontes de possibilidades e as suas condições. Tal luta irá ocorrer a dois níveis: na definição dos conteúdos e implicações sociais das soluções e na definição das dinâmicas e instrumentos de intervenção que serão mobilizados.

No que respeita aos conteúdos e significados políticos, as crises podem ser resolvidas ou por *correctivos eficazes* que, sem porem em causa a lógica do sistema que provocou a crise, conseguem minimizar os ritmos e os custos sociais desta, ou por via de *transformações profundas* que visam mudar a lógica do sistema e criar um novo paradigma de organização social e política. A partir da obra fundamental de Marx e dos contributos, tão diversos entre si, de Schumpeter (1942) e de Karl Polanyi (1944), é hoje consensual entre os economistas e sociólogos políticos que o capitalismo necessita de adversários credíveis que actuem como correctivos da sua tendência para a irracionalidade e para a auto-destruição, a qual lhe advém da pulsão para funcionalizar ou destruir tudo o que pode interpor-se no seu inexorável caminho para a acumulação infinita de riqueza, por mais anti-sociais e injustas que sejam as consequências. Durante o século XX, esse correctivo foi a ameaça do comunismo e foi a partir dela que, na Europa, se construiu a social-democracia (o modelo social europeu, o Estado Providência e o direito laboral). Curiosamente, a correcção do capitalismo foi possível devido à existência, no horizonte de possibilidades, de um paradigma alternativo de sociedade, o comunismo e o socialismo. A ameaça credível de que ele pudesse vir a suplantar o capitalismo obrigou a manter algum nível de racionalidade, sobretudo no centro do sistema mundial. Extinta essa ameaça, não foi até hoje possível construir outro adversário credível a nível global. Na Europa, a social-democracia começou a ruir no dia em que caiu o Muro de Berlim.

Nos últimos trinta anos, o FMI, o Banco Mundial, as agências de *rating* e a desregulação dos mercados financeiros têm sido as manifestações mais agressivas da pulsão irracional do capitalismo. Têm surgido adversários credíveis a nível nacional (em muitos países da América Latina) e, sempre que isso ocorre, o capitalismo recua, retoma alguma racionalidade e reorienta a sua pulsão irracional para outros espaços. Na Europa, a chamada Terceira Via[2] foi um acto de rendição ao neoliberalismo e à desistência de procurar correctivos eficazes contra a pulsão destrutiva do capitalismo. Isto explica em parte que os governos socialistas de três dos países em crise na Europa (Grécia, Portugal e Espanha) não tivessem nenhuma defesa ante os ataques do capitalismo financeiro de que as suas economias foram alvo, nem nada a propor que para além da lógica predadora que lhes subjaz. Aliás, o fim da Terceira Via é um dos significados mais vincados da actual crise da Europa. Falhada a tentativa de civilizar o capitalismo, volta abrir-se a opção de mudança civilizacional, a qual envolve igualmente a crítica ao socialismo e ao comunismo tal como os conhecemos.

No que respeita às dinâmicas e instrumentos de intervenção, há que distinguir entre *soluções institucionais e soluções extra-institucionais*. As primeiras são as que têm lugar no âmbito do sistema político vigente e das instituições administrativas do Estado sem alterar o seu normal funcionamento. As segundas desafiam o quadro institucional existente, operam por fora dele com o objectivo ou de o transformar em profundidade ou apenas de o forçar a tomar medidas que doutro modo não tomaria. Neste

[2] Logo que ascendeu ao poder em 1997, Tony Blair apostou numa reforma, conhecida como Terceira Via, que prometia, por um lado, uma actualização da social-democracia e a superação das visões de esquerda do socialismo/comunismo esgotadas com o colapso da URSS e o fim da Guerra Fria, e, por outro, uma "humanização" do neoliberalismo de direita remanescente da era de Margaret Thatcher de 1979 a 1990 (que tivera sequência na gestão John Major, de 1990 a 1997). Com raízes teórico-ideológicas no conhecido sociólogo Anthony Giddens, o objectivo era conferir um carácter social ao neoliberalismo, atenuando a desigualdade social que ele agravara através da desregulação económica e financeira, das privatizações, e dos cortes nas despesas sociais e promovendo novas articulações entre o público e o privado mercantil e não mercantil (este último, chamado terceiro sector). Desvalorizava a polaridade entre esquerda e direita, fazia a apologia do cosmopolitismo centrado na globalização e preconizava uma mescla de universalização de valores e direitos, com respeito pelas diferenças de cada sociedade que, no caso específico do Reino Unido, significava articular as lealdades atlânticas com as da União Europeia.

último caso, as soluções extra-institucionais são um híbrido entre o institucional e o não-institucional e talvez fosse melhor designá-las como para-institucionais. Enquanto as soluções institucionais operam no interior das instituições e segundo as lógicas procedimentais que as caracterizam, as soluções extra-institucionais operam no espaço público, na rua, mesmo quando o seu objectivo é apenas pressionar e não mudar profundamente o quadro institucional vigente. As soluções extra-institucionais são socialmente mais dramáticas e politicamente mais turbulentas e o recurso a elas tem, em geral, lugar depois de as soluções institucionais terem fracassado. As periferias da Europa ilustram hoje o recurso aos diferentes tipos de soluções. Falo de periferias no plural porque historicamente a Europa tem duas periferias, unidas pelo Mediterrâneo, a periferia interna que vai da Grécia à Irlanda, passando por Itália, Portugal e Espanha, e a periferia externa que vai de Marrocos ao Egipto, passando pela Argélia, Tunísia e Líbia. Ambas as periferias atravessam hoje períodos de grande crise. Neste momento, a periferia interna tenta resolver as crises por via de soluções institucionais, enquanto a periferia externa recorre a soluções extra-institucionais na busca de uma nova institucionalidade.

Existe uma relação não trivial entre os conteúdos das soluções e os tipos de acção política colectiva mobilizada para as promover. As soluções institucionais, por serem sistémicas, tendem a privilegiar ajustamentos ou correcções, enquanto as soluções extra-institucionais, por serem (em grau variável) anti-sistémicas, tendem a visar transformações mais profundas.

Há ainda que referir as situações particularmente complexas e inovadoras em que mobilizações extra-institucionais pressionam e, de algum modo, revitalizam as instituições existentes, levando-as a tomar decisões que doutro modo não seriam possíveis. A título de exemplo, analisarei no capítulo 4, três casos recentes e particularmente relevantes para o contexto em que vivemos.

Ter em mente a pluralidade das concepções, dimensões e soluções das crises é particularmente importante no momento em que a tendência dominante será para atribuirmos à situação que Portugal vive um carácter tão específico que a torna incomparável com a de outros países e para nos resignarmos ante as soluções que nos são impostas por serem as únicas que se adequam ao nosso caso. Obviamente que cada país e cada contexto tem a sua especificidade própria, mas no mundo crescentemente globalizado em que vivemos não é crível que o que se passa intramuros se explique totalmente por dinâmicas internas, nem que sejam estas a determinar em exclusivo as soluções para as crises. Nos capítulos seguintes analiso as especificidades do caso português, mas faço-o, contextualizando a nossa posição no espaço europeu e mundial. Esse contexto elucida-nos a respeito dos riscos que corremos e das oportunidades que temos. O modo como evitamos os primeiros e aproveitamos as segundas é a justa medida da especificidade que devemos ter em conta e mesmo reivindicar.

Capítulo 2
Um diagnóstico português

Em 1994, escrevi o seguinte sobre Portugal:

Portugal é uma sociedade de desenvolvimento intermédio. Algumas características sociais (taxa de crescimento populacional, leis e instituições, algumas práticas de consumo, etc.) aproximam-na das sociedades mais desenvolvidas, enquanto outras (ineficiência do Estado, deficiências das políticas sociais, especialização industrial, etc.) a aproximam das sociedades menos desenvolvidas. Ora, as teorias e as categorias analíticas utilizadas pelas ciências sociais para caracterizar os processos e estruturas sociais foram criados tendo em vista, quer as sociedades centrais ou mais desenvolvidas (o chamado primeiro mundo), quer as sociedades periféricas (o chamado terceiro mundo) e adequam-se mal a caracterizar sociedades intermédias, como Portugal. Se tomarmos em conta os indicadores sociais normalmente utilizados para contrastar o primeiro e o terceiro mundos (classes sociais e estratificação social; relações capital/trabalho; relações Estado/sociedade civil; estatísticas sociais; padrões de consumo ou de reprodução social, etc.) conclui-se facilmente que Portugal não pertence a nenhum desses mundos.

Na ausência de adequada inovação teórica, corre-se o risco de analisar a sociedade portuguesa pela negativa, por aquilo que ela não tem quando comparada, quer com as sociedades centrais, quer com as sociedades periféricas. Tal negatividade é uma outra forma de desconhecimento e por isso também campo fértil de análises míticas e de estipulações de exotismo, que são, neste caso, efeitos da inadequação dos instrumentos analíticos. A inovação teórica visa captar a especificidade das nossas práticas sociais, económicas, políticas e culturais de molde a convertê-las em potencialidades universalizantes num sistema mundial caracterizado pela concorrência inter-Estados.

Não se trata de insuflar nacionalismos reactivos ou reaccionários, mas de medir riscos e identificar – se não mesmo, inventar – oportunidades numa dinâmica transnacional cada vez mais volátil. Em 1762, Rousseau criticava, em *O contrato social,* Pedro Grande da Rússia por não respeitar a identidade nacional russa: "quis fazer alemães, ingleses quando era preciso começar a fazer russos; impediu os seus súbditos de se tornarem alguma vez no que eles poderiam ser, persuadindo-os de que eram o que não são" (1968: 125). É conhecida a reacção encolerizada que esta apreciação de Rousseau suscitou em Voltaire. Entre as posições destes dois ilustres *philosophes,* é necessário identificar a dialéctica do nacional e do transnacional, do local e do universal. Afinal Afonso Duarte vislumbrou-a em dois versos lapidares:

Quero ser europeu: quero ser europeu.
Num canto qualquer de Portugal

O carácter semiperiférico do desenvolvimento português tem uma longa duração histórica. Durante muitos séculos, Portugal foi simultaneamente o centro de um grande império colonial e a periferia da Europa. Reside aqui o elemento estruturante básico da nossa existência colectiva. Portugal foi o único país colonizador a ser considerado por outros países colonizadores como um país nativo ou selvagem. Ao mesmo tempo que os nossos viajantes diplomatas e militares descreviam os curiosos hábitos e modos de vida dos povos selvagens com quem tomavam contacto no processo de construção do império, viajantes diplomatas e militares da Inglaterra ou da França descreviam, ora com curiosidade ora com desdém, os hábitos e modos de vida dos portugueses, para eles tão estranhos ao ponto de parecerem pouco menos que selvagens.[3] Se os mistérios do "carácter nacional" fossem susceptíveis de desvendamento, seria de procurar nesta duplicidade de imagens e de representações a chave para a alegada plasticidade, ambiguidade e indefinição que os discursos mítico e psicanalítico atribuem ao "carácter do homem português".

Findo o ciclo do império, Portugal está a renegociar a sua posição no sistema mundial. Não é possível que num futuro próximo seja promovido ao centro do sistema (passe a país desenvolvido) ou despromovido para a sua periferia (passe a país subdesenvolvido). É mais provável que a sua posição intermédia se consolide em novas bases.

A sociedade portuguesa tem o estatuto de sociedade de desenvolvimento intermédio ou semiperiférico no contexto europeu, um estatuto que partilha com a Grécia, a Irlanda e, até certo ponto, com a Espanha. As sociedades de desenvolvimento intermédio exercem uma função de intermediação no sistema mundial, servindo simultaneamente de ponte e de tampão entre os países centrais e os países periféricos. O seu padrão de especialização, por exemplo, tende a ser dominado pelas produções que se desvalorizam no plano internacional e que, portanto, deixam de interessar aos países centrais, como pode ser paradigmaticamente ilustrado com o caso da produção têxtil nos últimos cinquenta anos.

No caso de Portugal, a função de intermediação assentou durante cinco séculos no império colonial. Portugal era o centro em relação às suas colónias e a periferia em relação à Inglaterra. Em sentido menos técnico, pode dizer-se que, durante muito tempo, foi um país simultaneamente colonizador e colonizado.

[3] Este assunto é tratado com detalhe em Santos, 2006: 211-249.

Em 25 de Abril de 1974, Portugal era o país menos desenvolvido da Europa e, ao mesmo tempo, o detentor único do maior e mais duradouro império colonial europeu.

O fim do império colonial não determinou o fim do carácter intermédio da sociedade portuguesa, pois este estava inscrito na matriz das estruturas e das práticas sociais dotadas de forte resistência e inércia. Mas o fim da função de intermediação de base colonial fez com que o carácter intermédio que nela em parte se apoiava ficasse de algum modo suspenso à espera de uma base alternativa. Essa suspensão social permitiu que no pós-25 de Abril (entre 1974-1976) fosse socialmente credível a pretensão de Portugal de se equiparar aos países centrais e, mesmo em alguns aspectos, de assumir posições mais avançadas. Em 1978, o FMI destruiu a credibilidade dessa pretensão. Desde então, Portugal entrou num período de renegociação da sua posição no sistema mundial, procurando uma base capaz de preencher o vazio deixado pela derrocada do império. No início da década de oitenta era já claro que essa base teria como elemento fundamental a integração na comunidade europeia.

Porque a UE é o centro de uma das três grandes regiões do sistema mundial – os centros das outras regiões são EUA, o Japão e, crescentemente, a China[4] – a integração na UE tende a criar a ilusão credível de que Portugal, por se integrar no centro, passa a ser central, e o discurso político dominante tem sido o grande agente da inculcação social da imaginação do centro: estar com a Europa é ser como a Europa. Contudo, quando se analisa detalhadamente o interior do centro, é fácil verificar que a realidade segue um caminho diferente do dos discursos. Nos últimos dez anos, a diferença entre os rendimentos nacionais máximo e mínimos no interior da comunidade não se atenuou

[4] Este sistema multipolar em termos económicos (e unipolar em termos militares) está a tornar-se mais complexo com a emergência do G-20 e dos chamados BRIC (Brasil, Rússia, Índia e China).

e, com respeito a alguns índices, aumentou mesmo a distância social entre as regiões mais desenvolvidas e as menos desenvolvidas da comunidade. O modelo de desenvolvimento seguido em Portugal nos últimos dez anos tem maior potencial periferizante do que centralizante. Assenta na desvalorização internacional do trabalho português, ao optar por privilegiar, entre os sectores de exportação, aqueles que se encontram em crescente processo de desvalorização internacional, como, por exemplo, o sector têxtil. Em consequência, o padrão de especialização produtiva da nossa economia baixou nos últimos dez anos, enquanto o padrão espanhol aumentou. Portugal tem hoje uma das taxas mais baixas de desemprego da Europa,[5] mas tem também uma das mais degradadas relações salariais. Ou seja, privilegiou-se a quantidade do emprego em detrimento da qualidade do emprego, o que sucede muitas vezes nos países periféricos.

Em suma, os sinais de despromoção são mais fortes que os sinais de promoção. Neste contexto, as relações entre Portugal e a Espanha assumem uma acuidade especial. Tal como a promoção do Brasil no sistema mundial correu de par com a despromoção da Argentina, é de perguntar se a promoção incontestável da Espanha, que alguns (o sociólogo Salvador Giner, entre outros) já consideram um país central, não acarretará a despromoção de Portugal. Reside aqui certamente uma das bases sociológicas para o mais recente surto de iberismo (Natália Correia, Eduardo Lourenço, Vasco Pulido Valente, João Palma Ferreira, entre outros).

5 Era assim em 1994. Hoje, os dados da OCDE revelam que a taxa de desemprego em Portugal tem vindo a sofrer agravamentos contínuos. Em Março e Abril de 2011 subiu para os 12,6 % em contracorrente com a tendência da zona euro que se manteve estável nos 9,9 %, e o valor registado entre as 34 economias da OCDE que baixou para os 8,1 %. Em termos de desemprego, Portugal apresenta neste momento o terceiro valor mais elevado da Zona Euro (sendo que não se encontram ainda disponíveis os dados respeitantes à Grécia e à Estónia). A Espanha, Irlanda e Eslováquia têm taxas de desemprego mais elevadas do que Portugal. A taxa de desemprego espanhola é a mais elevada da Zona Euro e da União Europeia, tendo ficado nos 20,7%.

O "federalismo ibérico" está de facto já em curso, mas não por via de renascidas crenças em hispanidades míticas. Decorre, outrossim, em boa medida, da actuação das grandes multinacionais, que estabelecem os seus quartéis-generais em Madrid ou Barcelona e tomam como unidade de acção a península ibérica.

É provável que a integração na UE mantenha dentro de certos limites a despromoção de Portugal, mas não é menos provável que para isso a Europa se desenvolva a três velocidades: países centrais; Espanha; Irlanda, Portugal e Grécia. Se assim for, Portugal consolidará numa nova base a sua posição semiperiférica no sistema mundial.

(...)

Era esta, na minha análise, a situação em 1994. O que está em aberto neste momento é saber se a intervenção externa da UE-BCE-FMI vai ou não manter dentro de certos limites a despromoção de Portugal. Está fora de causa que ela possa contribuir para a sua promoção ao estatuto de país europeu desenvolvido.

Antes de analisar o impacto previsível das medidas de austeridade recessiva dos próximos tempos e para entender a magnitude dos desafios que a sociedade portuguesa enfrenta, convém ter uma perspectiva mais ampla, talvez mais inquietante mas também mais serena, do que está em causa num país com uma história muito diferente da de outros países europeus e que sempre manteve com a Europa uma relação tensa, não apenas no plano económico, como também no plano político e cultural. Com isto, procuro contextualizar a crise de curto prazo, inserindo-a na crise de médio e longo prazo.

O problema do passado como excesso de diagnóstico

Quanto pesa o passado no presente e no futuro de Portugal? Não é um problema especificamente português. É um problema de todos os países periféricos e semiperiféricos no sistema mundial. A concepção de tempo linear que domina a modernidade ocidental, isto é, a ideia de que a história tem direcção e sentido únicos, faz com que os países centrais ou desenvolvidos, colocados por essa razão na ponta da seta do tempo, definam como atrasado tudo o que é assimétrico com eles (Wallerstein, 1984; Santos, 2006: 87-154). Por isso, só neles o passado não é problemático, já que justifica e ratifica o êxito do presente.[6]

O problema do passado pode, pois, definir-se como o conjunto de representações sobre as condições históricas que numa dada sociedade explicam as deficiências do presente, formuladas como atrasos em relação ao presente dos países mais desenvolvidos, e que, pela sua duração histórica, fazem prever dificuldades na superação de tais deficiências no futuro próximo. Nas condições do sistema mundial moderno, da forma como o concebem as ciências sociais ocidentais, o problema do passado tende a ser tanto maior quanto mais difundida é a percepção social a) da distância entre o país em questão e os países mais desenvolvidos que lhe servem de referência; b) quanto mais hegemónica é a representação de que tal distância podia e devia ser menor; c) quanto mais credível é a ideia de que tal não foi até agora possível por causas ou condições internas.

À luz destes factores, o problema do passado em Portugal tenderá a ser grave. Por Portugal ter sido um dos primeiros protagonistas dos processos que conduziram ao desenvolvimento dos países desenvolvidos de hoje – a expansão europeia –, é compreensível que a distância que tem separado Portugal dos países mais desenvolvidos nos últimos três séculos

[6] Deixo aqui de lado a possível excepção da Alemanha, um país central cujo passado recente é ainda hoje problemático para os próprios alemães e para os seus vizinhos. O futuro dirá se o modo como a Alemanha tem vindo a tratar a crise financeira dos países do Sul da Europa é sintoma de um novo nacionalismo imperial alemão e que consequências terá para a própria Alemanha e para a Europa no seu conjunto.

seja considerada excessiva ou imerecida, que se pense que tal distância podia hoje ser bem menor e que, se assim não é, tal é devido a causas internas.

O problema do passado manifesta-se como excesso de diagnóstico (Santos, 1994: 49-67; Santos, 2001a). O excesso de diagnóstico consiste na reiteração das mesmas razões para explicar o atraso em muitos e diferentes tempos e contextos históricos. Vejamos alguns exemplos.

Sobre a emigração:

> *Outros se passam a reinos estranhos, principalmente para os de Castela, pela facilidade de vizinhança onde antes da Aclamação havia tantos portugueses que muitas pessoas afirmavam que a quarta parte dos moradores de Sevilha eram nascidos em Portugal... e por toda a Castela-a-Velha e Estremadura é notório que os mais dos mecânicos eram naturais deste reino, os quais por não terem cá em que trabalhar iam lá ganhar a vida* (Manuel Severim de Faria, 1665:129).

Sobre o défice comercial (mais importações que exportações), devido à debilidade da nossa produção:

> *Qual há de nós que traga em si cousa feita em Portugal? Acharemos (e não ainda todos nós) que só o pano de linho e os sapatos são obras nossas* (Duarte Ribeiro de Macedo, 1675:174).

Sobre a discrepância entre o país oficial e o país real:

> *É preciso que o país da realidade, o país dos casais, das aldeias, das vilas, das cidades, das províncias, acabe com o país nominal, inventado nas secretarias, nos quartéis, nos clubes, nos jornais e constituído pelas diversas camadas de funcionalismo que é, e do funcionalismo que quer e há-de ser* (Alexandre Herculano, (1982 [1858]).

Sobre o modo arbitrário e leviano com que se fazem nomeações para cargos políticos:

Lástima é que para escolher um melão se façam mais provas e diligências da sua bondade que para um conselheiro e para um ministro (D. Francisco Manuel de Melo, publicado postumamente em 1721:104).

Sobre a construção de vias de comunicação desenquadradas de um projecto de reforço da produção nacional:

Quando nós em Portugal acordámos para a vida económica, despertou-nos do nosso sono histórico e silvo agudo da locomotiva; e, estonteados por ele, supusemos que todo o progresso económico estava em construir estradas e caminhos-de-ferro. Esquecemos todo o resto. Não pensámos que as facilidades de viação, se favoreciam a corrente de saída dos produtos indígenas, favoreciam igualmente a corrente de entrada de forasteiros, determinando internacionalmente condições de concorrência para que não estávamos preparados e para que não soubemos preparar-nos (Oliveira Martins, 1887:89).

Sobre a opinião pública e sua relação com a democracia:

Se a democracia... é o controle do governo pela opinião pública – a primeira, essencial condição para a existência de democracia, será a existência de opinião pública consciente e organizada – coisa que em Portugal se não enxerga (António Sérgio, 1920:252).

Trinta anos depois do estabelecimento da democracia, como funciona o espaço público em Portugal? A constatação imediata é que não existe. Está por fazer a história do que, nesse plano, se abriu e quase se formou durante os anos "revolucionários" do pos-25 de Abril, para depois se fechar, desaparecer e ser substituído pelo espaço dos media que, em Portugal, não constituiu um espaço público (José Gil, 2004:25).

Sobre as elites políticas:

Em todos os ramos da actividade humana são pequenas as elites de Portugal: em nenhum domínio, todavia, nos achamos tão pobres como no político. Aliás, percebe-se bem. Não houve da parte de diversos partidos a menor consideração pelos valores mentais, o menor interesse pelos nossos jovens. Por isso, o que há de mais lúcido no pensar português, de mais são e idealista nas aspirações populares, dispersa-se por aí impotente e vago, como simples nebulosa que não toma corpo, que não influi nos factos, que não chega a actuar (António Sérgio, 1932:27).

E tudo se desenrola sem que os conflitos rebentem, sem que as consciências gritem, é porque tudo entra na impunidade do tempo – como se o tempo trouxesse, imediatamente, no presente, o esquecimento do que está à vista, presente. Como tudo isto é possível? É possível porque as consciências vivem no nevoeiro (José Gil, 2004: 18).

O que é surpreendente nestes trechos é que os diferentes diagnósticos feitos ao longo de quinhentos anos se adequem, intrigantemente, à sociedade portuguesa de hoje. Mas obviamente não contam a história toda. De facto, a sociedade portuguesa é hoje consabidamente muito diferente do que era há quinhentos ou há cem anos. Daí uma de duas: ou os diagnósticos feitos em cada época pelas elites culturais portuguesas têm sido sistematicamente errados, ou, no melhor dos casos, sistematicamente parciais e, se calhar, dizem mais sobre as elites do que sobre o país. Ou então a sociedade portuguesa tem-se transformado através das condições identificadas nos diagnósticos ou apesar delas. Esta disjuntiva é ainda mais clara quando consideramos os diagnósticos feitos ao longo dos séculos por observadores estrangeiros, que ora contradizem ora corroboram os diagnósticos feitos pelos portugueses.

Suspeito que não temos condições para afirmar qual das alternativas é correcta. Uma coisa é certa: a correcção possível de alguns dos diagnósticos impede a correcção possível de outros. Por exemplo, se é verdade que as elites estão em geral distantes do povo, daí resultando a impossibilidade de imaginar ou formular uma ideia coerente do país, não há nenhuma razão para pensar que as elites culturais que fazem esta análise estejam mais próximas do povo do que as elites que são objecto de análise.

Nestas circunstâncias, o diagnóstico do problema transforma-se facilmente no problema do diagnóstico. O problema do diagnóstico não é ser falso ou verdadeiro, é estar feito e como tal informar as representações dominantes sobre uma dada sociedade. O problema da tradição é a tradição que se cria sobre ela. Quanto mais ela se afirma como *longue durée*, mais tenderá a se converter em excesso de diagnóstico. No caso português, o problema do diagnóstico é particularmente importante por envolver outras sociedades que partilharam em condições desiguais uma vasta e multissecular zona de contacto, a zona colonial (Santos, 2001a; Santos, 2006; Santos e Meneses, 2006). Em que medida foram incorporadas nestes diagnósticos? Quais as consequências de uma tal incorporação? Sofreram mais as consequências dos problemas diagnosticados ou as consequências do problema do diagnóstico? Em que medida umas interferiram com as outras? Até que ponto é que essa incorporação e esse diagnóstico se alojaram nas realidades dessas sociedades? Em que medida afectaram e afectam a sua auto-representação no período imediatamente posterior à libertação do colonialismo português? Por outras palavras: qual é o significado pós-colonial dos problemas diagnosticados e do problema do diagnóstico?[7]

As respostas a estas e outras questões devem ter em conta alguns factos inquietantes. Primeiro, não emergiu deste vasto espaço geo-político do império português nenhum país desenvolvido ao nível dos países centrais do sistema mundial moderno.

[7] Perguntar pelo significado pós-colonial envolve questionar até que ponto, nos países libertados do colonialismo político, o colonialismo, enquanto forma de dominação social, continuou a vigorar, não só nas relações com a antiga potência colonizadora, como sobretudo nas relações internas entre diferentes grupos e classes sociais e entre cidadãos e o Estado.

Nem Portugal se tornou na Inglaterra nem o Brasil se tornou nos EUA. Ambos os países são semiperiféricos ou de desenvolvimento intermédio, um, no contexto europeu e outro, no contexto americano. Segundo, estão localizados neste espaço geo-político alguns dos países mais injustos ou desiguais do mundo e ocupando os últimos lugares na escala de desenvolvimento humano. Portugal é um dos países mais desiguais da Europa (ver abaixo) e o Brasil é um dos países mais desiguais do mundo. Entretanto, na escala de desenvolvimento humano da ONU, a Guiné-Bissau ocupa o 164º lugar num total de 169 países, Moçambique, o 125º lugar; Angola, 146º; Timor-Leste, 120º; São Tomé e Príncipe, 127º; Cabo Verde, 118º; Brasil, 73º e Portugal, 40º. Se compararmos esta última posição com a das principais potências coloniais europeias o resultado é o seguinte: Holanda, 7º; França, 14º; Espanha, 20º; Inglaterra, 26º (PNUD, 2010).

Sem pretender dar resposta às questões acima formuladas, proponho-me reflectir sobre os problemas de que decorrem. O problema do diagnóstico manifesta-se na coexistência de representações contraditórias de rápida mudança e de total imobilismo. Esta coexistência resulta da inserção específica de Portugal no moderno sistema mundo – um país semiperiférico – e também afecta as sociedades que estiveram sujeitas ao colonialismo português (Santos, 1994; Santos, 2006: 211-255). Devido a esta longa duração, tal inserção criou um complexo palimpsesto de temporalidades e inter-identidades implicando tanto a zona europeia como a zona colonial. Existem, no entanto, certos momentos históricos em que as contradições contidas neste palimpsesto emergem com especial intensidade e se transformam numa questão política. Nos últimos cem anos, distingo três destes momentos que denomino de *grande momento de rejeição, grande momento de aceitação e grande momento de tolerância, ou seja, de rejeição disfarçada de aceitação.*

Representações desgovernadas: Portugal em sentido amplo e Portugal em sentido restrito

Desde o século XV Portugal tem vivido como um feixe de representações sociais em duas zonas ou espaços-tempo, a zona europeia e a zona colonial.[8] A ideia de zona pretende significar que, desde essa época, Portugal habita física e simbolicamente espaços-tempo muito mais vastos que os seus limites territoriais e muito diferentes das realidades que são observáveis nesses limites. Há assim um Portugal em sentido amplo e um Portugal em sentido restrito.[9] Esta discrepância está na origem do excesso de diagnóstico: foi sempre a partir do Portugal em sentido amplo que se diagnosticou o Portugal em sentido restrito. Através de Portugal e da Espanha, a zona europeia criou a zona colonial, mas estes países só muito brevemente foram centrais na Europa e esta só assumiu plenamente a importância da zona colonial no século XIX, no momento em que Portugal e a Espanha eram bem periféricos na zona europeia. Daqui resulta que Portugal viveu a maior parte da idade moderna (a segunda modernidade europeia) perifericamente, sempre fora do centro quer da zona europeia (porque foi central na zona colonial numa altura em que esta era periférica para a Europa no seu todo) quer da zona colonial (porque não soube manter nela uma posição central no momento em que ela se tornou central para a Europa no seu todo).[10]

[8] Refiro-me aqui à Europa Ocidental que protagonizou a expansão. No seu sentido mais amplo (incluindo a Europa Central e Oriental), a zona europeia teve a sua própria zona colonial interna.

[9] Estas categorias referem-se às representações sociais dominantes e por isso não dão conta de que o Portugal em sentido amplo incluía vastas populações que não eram portuguesas, que não queriam ser portuguesas e que, quando queriam usufruir dos benefícios da cidadania portuguesa, eram rejeitadas e relegadas para categorias subalternas.

[10] Em contexto colonial, uma presença forte implica um colonialismo com colonos, presença militar efectiva, ou intensa reprodução das "pequenas Europas" no sentido de Edward Said (1978).

No caso da zona colonial, não só Portugal viveu nela fora do centro como viveu nela muito mais tempo que a Europa. A zona colonial onde viveu Portugal, além de muito vasta, durou muito tempo. Permitiu que nela se sedimentasse uma enorme variedade de relações, muitas das quais dificilmente se podem enquadrar no que a partir do século XIX (e até hoje) se passou a designar por colonialismo europeu. Por habitar essas zonas perifericamente, Portugal nunca pôde assumir a monocultura do tempo linear típica da zona europeia. Esta concepção implica duas consequências importantes. Primeira, só nos países mais desenvolvidos o presente ratifica o passado e o torna não-problemático, tão pouco problemático quanto o futuro, dado estarem reunidas todas as condições para o êxito continuar: quem vai na frente, e precisamente por ir na frente, tem, em princípio, capacidade para impedir que outros mais atrasados ocupem o seu lugar. A segunda consequência consiste no descompasso ou assincronia entre acontecimentos e ritmos nos países centrais e nos periféricos ou semiperiféricos.

Estas assincronias fazem com que acontecimentos simultâneos possam não ser contemporâneos. No caso de Portugal, não estar no centro significou ir atrás, e ir atrás é ter o passado como problema. Mas mais do que isso, é não poder libertar-se plenamente do passado. Portanto, nestas condições, a evolução histórica assume a forma de um palimpsesto (Santos, 2001b) onde os diferentes períodos se vão acomodando em diferentes e imprevisíveis formas, mas sempre sem desaparecer. O palimpsesto oferece-se a leituras superficiais de rupturas e de continuidades.

O palimpsesto tecido na dança louca das rupturas e continuidades

As sociedades são teias complexas de vasos comunicantes onde tudo tem relação com tudo. As infinitas e tantas vezes caóticas interacções entre as diferentes dinâmicas, ritmos, impulsos e resistências nos múltiplos campos sociais vão definindo relações e articulações entre si que, ao estabilizarem-se, conferem uma lógica – uma medida – à sociedade no seu conjunto. É essa medida que nos permite falar de sociedades desenvolvidas, dinâmicas ou progressistas ou, pelo contrário, de sociedades subdesenvolvidas, estagnadas ou conservadoras. Em todos estes tipos de sociedade há movimentos e mudanças. O que varia é o ritmo e a direcção. Enquanto nalgumas todos os movimentos convergem com alguma coerência em redor de um padrão, noutras há movimentos e contra-movimentos que se neutralizam mutuamente, mudanças aceleradas ao lado de resistências fortes à mudança.

Nas últimas três décadas, a sociedade portuguesa passou por vários processos acelerados e turbulentos de transformação social que tiveram impactos intensos, selectivos e contraditórios em diferentes campos da vida social e que até agora não se sedimentaram numa nova medida, ou seja, numa nova imagem coerente da sociedade em que os portugueses se revejam de maneira consensual. Esses processos foram quase todos de ruptura, da revolução dos cravos à descolonização, da transição para o socialismo à transição para a democracia, da intervenção do Fundo Monetário Internacional à integração na União Europeia e, agora, da intervenção da UE-BCE-FMI para um futuro mais incerto que antes.

Se nos ativermos a um período mais curto, o pós-entrada na União Europeia, e às consequentes transformações sectoriais, a imagem de mudança é igualmente forte. Eis um elenco possível das principais mudanças sem ordem de precedência: do envio de trabalhadores emigrantes para o estrangeiro passámos a recebê-los, vindos de diferentes países (imigrantes africanos[11] e mais

[11] Com a independência das antigas colónias portuguesas, a cidadania portuguesa tornou-se muito difícil de obter pelos nascidos nas colónias (cujos pais, avós ou bisavós não tinham nascido em Portugal) e por aqueles que não viviam há mais

tarde imigrantes dos países da Europa de Leste) com a correspondente alteração da estrutura social e cultural da população; emergência de novas formas de organização da sociedade civil; aumento das assimetrias regionais e intensificação do processo de metropolitização territorial (Lisboa e Porto), mas, ao mesmo tempo, incremento da intensidade urbana (aumento da oferta de serviços e padrões de consumo) em pequenas e médias cidades; explosão da micro-electrónica (em 1998, só os escandinavos ultrapassavam os portugueses no uso de telemóveis; hoje em dia 84% dos portugueses usam telemóvel, ligeiramente abaixo da média de 87% na Europa dos 27); aumento da oferta do ensino superior, durante algum tempo sustentada pela proliferação desordenada de universidades privadas; consolidação do sistema público de segurança social, e a sua quase imediata deterioração; criação de um sistema nacional de ciência e de tecnologia; melhoria dos indicadores de pobreza com um decréscimo de 24% para 21% da taxa de pobreza relativa (percentagem da população residente com rendimento inferior a 60% da média do rendimento nacional); aumento da precarização do emprego (contratos a prazo, desestruturação das carreiras, recibos verdes); aumento do desemprego de licenciados/as; incremento da discrepância entre rendimento e padrões de consumo, com o consequente e dramático aumento do endividamento das famílias; reforço do direito dos homens a gozarem de licenças para assistência aos filhos (licença de paternidade e licença parental); aumento importante da cultura como área de intervenção política do Estado e, sobretudo, das autarquias; incremento das indústrias culturais, da produção mediática e da publicidade, em parte ligado à privatização da televisão; emergência de novos

de cinco anos em Portugal antes de 1974. Apenas em circunstâncias excepcionais (como por exemplo, veteranos do exército colonial português ou antigos funcionários da administração colonial) os africanos podiam requerer com sucesso a cidadania portuguesa. Isto explica em parte a explosão de "imigrantes africanos" em Portugal depois de 1974.

(ou velhos, mas até agora não denunciados) tipos de criminalidade, do crime económico organizado às associações criminosas, corrupção, tráfico de drogas e de armas, pedofilia; aumento da participação das mulheres em muitas áreas da vida social (não política) e, nomeadamente, na administração da justiça; aparente começo do fim da impunidade dos poderosos; aumento da distância entre os cidadãos e o sistema político com a subida da abstenção e a fraca participação nos referendos; incremento da mediatização da política; emergência e consolidação de uma nova força política, o Bloco de Esquerda; entrada dos direitos reprodutivos, dos direitos contra a discriminação racial e sexual e dos direitos dos imigrantes no discurso político.

Pode, pois, concluir-se que a sociedade portuguesa é uma sociedade em rápido movimento e transformação. Mas qual é o ritmo, a medida e o sentido deste movimento e desta transformação? Não é fácil responder a esta questão. Por duas razões. Por um lado, as grandes transformações significaram processos de ruptura e de rupturas em sentidos políticos distintos e até opostos. Por outro lado, criaram expectativas que muitas vezes não se cumpriram e puseram em movimento transformações que foram frequentemente bloqueadas. Assim, as rupturas acabaram por conviver sub-repticiamente com continuidades, algumas longas de séculos outras vindas de bem perto, do fascismo. Dependendo do olhar e da perspectiva, a sociedade portuguesa pode ser credivelmente vista como uma sociedade ansiosa por mudança ou, pelo contrário, como uma sociedade resistente à mudança, como uma sociedade num movimento vertiginoso, ou, pelo contrário, como uma sociedade paralisada pela vertigem.

Estas duas percepções estão profundamente enraizadas no imaginário dos portugueses. E são ambas, em alguma medida, ilusórias. Nem o tempo do salazarismo foi só de imobilismo, nem o tempo do 25 de Abril tem sido só de mudança. Se no primeiro tempo a mudança ocorreu sob a forma do imobilismo, no segundo tempo o imobilismo pode estar a ocorrer sob a forma da mudança. Esta mudança nas formas vivenciais dos dois tempos é em si mesma significativa. No primeiro tempo, a mudança foi socialmente desvalorizada, ocorrendo subterrânea e anonimamente. Foi por isso que o 25 de Abril colheu de surpresa a grande maioria dos portugueses. No segundo tempo, é o imobilismo que é socialmente desvalorizado, ao ponto de tornar-se inominável ou irrepresentável. A negação do imobilismo é também a negação da ruptura com ele. O facto de o 25 de Abril ser desvalorizado e não ser ensinado na grande maioria das escolas não significa que se desvalorize a ruptura com o imobilismo da sociedade anterior. Desvaloriza-se, isso sim, a ideia de que a sociedade anterior alguma vez tenha existido de forma diferente e relevante para a sociedade de hoje.

Pode, pois, concluir-se que, por estas razões, convivem hoje imagens extremadas e mesmo contraditórias de transformação social na sociedade portuguesa onde ora se confirma o imobilismo atávico produzido pela resistência dos "materiais", ora avulta a extraordinária plasticidade e leveza da existência colectiva. É a constelação política e vivencial própria de um tempo de transição, de um entretempos que, aliás, é também um tempo de transição entre lugares, entre a zona europeia e a zona colonial. O entrecruzar de percepções torna difícil formular um juízo ou definir uma medida sobre as transformações em curso. É mais significativo que em menos de vinte anos a sociedade portuguesa tenha feito uma profunda transição demográfica[12] ou em menos de dez uma revolução no consumo de micro-electrónica ou, pelo contrário, que continue, como há séculos, a formar a mão-de-obra menos qualificada da Europa ou a premiar a ganância fácil em detrimento do trabalho e do investimento produtivos?

[12] A transição consistiu numa quebra rápida da taxa de fecundidade, no aumento da longevidade (e no consequente envelhecimento demográfico) e no aumento da imigração.

É mais significativo que tenha passado de um país de emigrantes (incluindo uma forte componente de emigração "interna" para as colónias) para um país de imigrantes (incluindo uma forte componente proveniente das ex-colónias) ou que continue a praticar dos salários mais baixos da Europa?[13]

Por outro lado, se uns pensam que as mudanças acabarão por arrastar consigo as continuidades, outros pensam que as continuidades acabarão por boicotar ou tornar irrelevantes as mudanças. Curiosamente, estas divergências não potenciam, ao contrário do que seria de pensar, a emergência de clivagens políticas ou culturais fortes. É que nenhum português ou grupo social está do lado da valorização da mudança ou da continuidade em todas as áreas da vida social. Se nalgumas áreas valoriza a mudança, noutras valoriza a continuidade. E como, quer as mudanças, quer as continuidades, podem ter, na grande maioria dos casos, aspectos positivos e aspectos negativos, alguns vêem-nas pelo que têm de negativo, enquanto outros as vêem pelo que têm de positivo.

Para entender este palimpsesto e identificar o seu significado – enquanto problema do passado que se afirma no presente como modo específico de ver o futuro – é necessário analisar as relações entre a zona europeia e a zona colonial no imaginário da sociedade portuguesa e das sociedades por ela colonizadas. Como referi acima, o problema do passado surge na modernidade ocidental como resultado da concepção do tempo linear e das assincronias que ela estabelece entre os países que vão na frente da história e os que vão atrás. Se, para Portugal, o problema do passado é sobretudo um problema de excesso de diagnóstico decorrente de um atraso estrutural em

[13] Entre os países da zona euro, apenas a Eslováquia e a Estónia praticam salários mínimos inferiores ao português. No conjunto da Europa dos 27, a Bulgária, a Roménia, a Lituânia, a Hungria, a Letónia, a República Checa e a Polónia apresentam valores inferiores.

relação aos países centrais da zona europeia, para as colónias e agora ex-colónias, o problema do passado decorre do desvio da norma colonial e manifesta-se através da coexistência, aparentemente contraditória, de um défice de colonização e de um excesso de colonização. O primeiro manifesta-se contraditoriamente, quer como o fardo de terem sido colonizados por um país atrasado no contexto europeu, quer como oportunidade para desenvolvimentos autónomos historicamente criada pela ineficiência do colonialismo português. O excesso de colonização reside no facto de, dada a subordinação quase-colonial de Portugal aos países centrais da Europa, sobretudo a Inglaterra, as colónias terem acabado por sofrer o impacto de uma dupla colonização, por parte de Portugal e por parte de outros países europeus, nomeadamente da Inglaterra. Mas também aqui este excesso pode contraditoriamente ter contribuído para criar oportunidades de desenvolvimento autónomo. Por serem dois espaços-tempo de longa duração, há que escolher os momentos em que melhor podem esclarecer o problema do passado neste espaço de língua oficial portuguesa.

Em meu entender, os melhores momentos são aqueles em que a condição semiperiférica de Portugal foi mais fortemente questionada, ou seja, quando a condição socioeconómica semiperiférica se transformou numa questão política. Tal transformação ocorreu no passado em dois contextos opostos: o primeiro é *o momento da rejeição* do país por parte dos países europeus centrais e, com ela, a eventual despromoção no sistema mundial; o segundo é o *momento da aceitação* do país por parte dos países centrais e, com ela, a eventual promoção no sistema mundial. O momento mais dramático de questionamento pela rejeição ocorreu no final do século XIX, com a Conferência de Berlim (1884-85) e o Ultimato inglês (1890). O momento mais dramático de questionamento pela aceitação ocorreu no final do século XX com a Revolução do 25 de Abril de 1974 e a adesão à então Comunidade Económica Europeia em 1986, hoje União

Europeia. O terceiro momento é o que estamos a viver agora, e também ele interpela profundamente a nossa condição semiperiférica no contexto europeu. É um momento em aberto mas cujo desenho inicial parece apontar para um *momento de tolerância, um momento de rejeição disfarçada de aceitação.*

Nos dois primeiros momentos, as relações entre a zona europeia e a zona colonial são cruciais. Podemos designar o primeiro momento – o momento de rejeição – como *momento europeu colonial* e o segundo momento – o momento da aceitação – como *momento europeu neocolonial*. O desempenho de Portugal nos dois momentos vai ter importância decisiva, não só para a sociedade portuguesa, como também para as sociedades coloniais. No momento de rejeição, as relações entre a zona europeia e a zona colonial são particularmente tensas e densas. É o momento em que os países centrais da zona europeia convertem a zona colonial numa zona prioritária para o projecto do desenvolvimento do capitalismo europeu. Portugal surge nesse momento como um obstáculo: não tendo qualquer papel relevante nesse projecto, o controlo jurídico que detêm sobre vastos territórios africanos é um impedimento a que estes possam ser devidamente aproveitados como recursos coloniais. No momento de aceitação de Portugal por parte dos países centrais da zona europeia as relações entre esta e a zona colonial estão profundamente mudadas, pois para esses países a zona colonial deixou entretanto de existir enquanto tal e passou a existir como conjunto de países formalmente independentes, integrados em comunidades transnacionais dominadas económica e politicamente pelas ex-potências coloniais (integração neocolonial). Entre o final da Segunda Guerra Mundial e o momento de aceitação, o anacronismo de Portugal na zona europeia foi duplo: enquanto ditadura numa Europa ocidental democrática e enquanto país europeu periférico que insiste em manter pela violência o controlo sobre uma zona colonial considerada obsoleta.

O momento europeu de rejeição (1890-1930)

A Conferência de Berlim sobre a partilha de África (1884-85) e o Ultimato inglês (1890) foram o grande momento da rejeição de Portugal por parte da Europa. Houve nos séculos anteriores outros momentos em que Portugal se viu rejeitado pela Europa desenvolvida, mas este foi o momento da grande rejeição.[14]

Desde o século XV praticamente todos os diagnósticos da presença histórica de Portugal e do seu devir tomam como ponto de partida (e às vezes também de chegada) a expansão e depois o colonialismo. A expansão é o mito fundador do Portugal moderno. Ou seja, Portugal funda a sua presença na zona europeia a partir do seu papel central na constituição da moderna zona colonial. A zona colonial garantiu a independência política de Portugal na zona europeia ao mesmo tempo que impediu a constituição de uma burguesia nacional e de um projecto nacional de desenvolvimento capaz de garantir uma presença central na zona europeia. Não surpreende que, directa ou indirectamente, incidam sempre sobre a zona colonial os diagnósticos feitos nos séculos anteriores.

O momento inicial da expansão foi um momento extremamente criativo. Constituiu um campo de possibilidades caóticas, tão vulneráveis às fulgurações quanto ao aventureirismo próprio e alheio, tão excitantes quanto medíocres, tão justificativas de "Os Lusíadas" como de "O Soldado Prático".[15] Essa criatividade permitiu a Portugal ter sido um dos protagonistas da primeira modernidade europeia, a modernidade ibérica (Dussel, 1998; Santos, 2006). É a modernidade de Pedro Fonseca, o Aristóteles português, e de Suarez, a modernidade dos

[14] Sobre este assunto, ver Santos e Meneses, 2006.

[15] Diálogo publicado em 1590 no qual Diogo de Couto (1542-1616) dá conta da mediocridade e frequente corrupção das práticas das autoridades coloniais portuguesas.

Conimbricences, como foram ao tempo conhecidos.[16] As obras destes autores foram ensinadas em toda a Europa. Uma das obras de Pedro Fonseca teve 36 edições e foi lida por Descartes e Leibniz (Fonseca, 1964). Ou seja, o que veio a ser designado por modernidade europeia, de Descartes a Kant, foi de facto uma segunda modernidade, a da Europa Central, que se alimentou da modernidade ibérica, uma modernidade que, por ter sido protagonizada por países que entraram rapidamente em decadência, não foi sequer reconhecida como tal nos séculos seguintes. Esta segunda modernidade que Portugal, de algum modo, perdeu, foi um longo período de inserção dependente que gerou o que designei acima por problema do passado.

Uma das demonstrações mais dramáticas desta perda e da subalternização que ela acarretou foi a Conferência de Berlim sobre a partilha de África (1884-85) e o Ultimato inglês (1890) contra a pretensão portuguesa de manter sob sua jurisdição os vastos territórios da África Austral entre Angola e Moçambique. O melhor ponto de observação deste momento são as colónias que tinham até aí tido menos centralidade no interior da zona colonial, ao ponto de, ao longo da segunda metade do século XIX, ter havido várias propostas para vender Moçambique e outras colónias a fim de resolver a grave crise financeira do país (Oliveira Martins, 1904; Queiroz, 1965).

A partilha de África acordada na Conferência de Berlim é uma demonstração eloquente da subalternização de Portugal na zona europeia.[17] O critério de partilha deixa de ser o direito histórico da descoberta, reivindicado por Portugal, para passar a ser o da ocupação efectiva, favorável às pretensões colonialistas dos países europeus centrais. A subalternização de Portugal atinge

[16] Sobre este assunto, ver também Batista Pereira, 1967; Coxito 1980, 2001; Martins, 1989 e Doyle, 2001.

[17] Portugal não foi sequer convidado para assistir à conferência prévia, promovida pela Bélgica e Alemanha.

o paroxismo com o Ultimato, o grande momento de rejeição. Portugal não pôde contar com nenhuma solidariedade efectiva por parte dos outros países europeus e rendeu-se de maneira inglória às imposições da Inglaterra. Em vésperas do Ultimato, António Ennes escreve no seu jornal algo que nestes dias é perturbadoramente actual:

> *A Inglaterra vai estabelecer-se no interior das nossas possessões e, seguramente, se não tivermos especiais cautelas, deita-nos ao mar. Contar com a Europa, o que era dizer contar com a Alemanha, para nos defender, é puro absurdo, não moveriam uma palha em nosso favor* (Ennes, 1946: xlix).

O Ultimato gerou uma grande onda de nacionalismo e de polémica sobre a identidade nacional e desencadeou uma convulsão política que se traduziu na demissão de vários governos. Em 11 de Junho de 1891 é finalmente assinado um Tratado com a Inglaterra que acolhe quase todas as pretensões desta.

A rejeição europeia, tal como se viria repetir nos nossos dias, provocou no país o desejo de seguir a norma europeia sem tomar em conta a nossa especificidade. A Inglaterra, que fora um carrasco brutal das nossas aspirações imperiais, era o modelo a seguir nos restos do império que nos deixara. António Ennes foi o estratega colonial mais consequente neste momento europeu colonial e a sua filosofia política colonial e as vicissitudes da sua actuação são a melhor ilustração dos dilemas da posição descentrada de Portugal tanto na zona europeia como na zona colonial.

No seu primeiro relatório sobre Moçambique, Ennes abandona os idealismos da 'herança sagrada' e num estilo pragmático que revela claras afinidades com o colonialismo inglês traça um plano objectivo que permita aproveitar as reais potencialidades da colónia, com os correspondentes e desejáveis benefícios para a metrópole. As duas grandes marcas do colonialismo hegemónico do tempo, o trabalho forçado e o racismo, são centrais na sua proposta política. Mas rapidamente Ennes se dá conta de que as condições que encontra, tanto em Moçambique como na Metrópole, tornam impossível a concretização do seu plano e das suas propostas. As reacções negativas da burguesia branca local à sua actuação política e a incompreensão do governo de Lisboa (que, com investimentos minúsculos, esperava resultados retumbantes) causam nele um profundo desencanto e levam-no a concluir pela inviabilidade de um Estado colonial português semelhante ao que Cecil Rhodes ia construindo nos países vizinhos (quase colónias "particulares", semelhantes ao Congo Belga). Em 27 de Junho de 1895 escreve à filha:

> *Quando conseguir safar-me d'aqui, darei por terminada completamente a minha vida pública. Não quero ser mais coisa alguma d'este paiz em decomposição!... Está tudo podre! [...] Não se pode governar com tal gente. Não se pode fazer nada d'ela.* (*apud* Caetano, 1947: 104).

O mesmo vai acontecer com outro alto funcionário colonial que quis, na esteira de Antonio Ennes, refundar o colonialismo português à imagem do colonialismo europeu, ou seja, inglês. Refiro-me a Mouzinho de Albuquerque, que chega a Moçambique em Setembro de 1890 depois de uma estadia na Índia que fez dele um fervoroso admirador do colonialismo inglês. As vantagens do *indirect rule* que agilizava as relações entre a metrópole e colónias captaram a atenção de Mouzinho:

> *Comparem-se estas administrações tão simples e independentes, tão pouco burocratas, estes paizes tão pouco funccionalisados, com a de qualquer colónia portugueza, manietada por um número infinito de leis, portarias, regulamentos e ordens mandadas da metrópole à toa, exhausta por uma plethora de funccionarios publicos, em geral mal pagos e peior escolhidos em Lisboa, occupados em minutar, copiar, registar, expedir um sem número de officios, duplicados, triplicados, circulares, etc., quasi todos muito dispensaveis!* (Albuquerque, 1899: 68).

Perante a recusa do Terreiro do Paço em lhe conceder um grande empréstimo para o desenvolvimento da colónia, Mouzinho demite-se do cargo em 1898. Numa longa carta que dirige aos seus subordinados insurge-se contra os malefícios da administração directa das colónias por parte do governo central. O Rei, que sempre o admirou, encarrega-o da educação do príncipe D. Luís Filipe. Numa carta que escreve a este em 1900-1901, Mouzinho desabafa amargamente:

> *Tudo é pequeno neste nosso Portugal de hoje! O mar já não é curral das nossas naus, mas sim pastagem de couraçados estranhos; foram-se-nos mais de três partes do Império de além-mar e Deus sabe que dolorosas surpresas nos reserva o futuro* (Albuquerque, 1955).

Incompreendido na sua defesa de uma ditadura militar que esmagasse a crescente ameaça republicana, Mouzinho suicidou-se no dia 8 de Janeiro de 1902. Raul Brandão escreveu sobre este suicídio nas suas memórias:

> *Trouxe de África um sonho desmedido de um Portugal maior e julgou encontrar no Paço e no Rei o apoio necessário para o realizar. Deparou com os políticos e a Côrte, com a força obstinada e cega da mediocridade e da inércia... A morte de Mousinho está explicada neste descalabro dum criador de heroísmo incompreendido e inutilizado* (Brandão, 1988:145).

Os fracassos de António Ennes e de Mouzinho de Albuquerque não são explicáveis pelas idiossincrasias das suas personalidades políticas. Há que ir muito mais fundo do que isso. Em primeiro lugar, a incompreensão de que são alvo revela a ausência de um projecto nacional de incorporação no projecto europeu colonialista deste período. Pensada a partir de Lisboa, a incorporação foi sempre reactiva, mais virada para o passado do que para o futuro (assente em direitos históricos) e tendo como meta a continuação da exploração esporádica, imediatista e aventureirista das colónias. Ao contrário do que se passava com a Inglaterra, não havia uma burguesia nacional interessada em pôr as colónias ao serviço do seu desenvolvimento na zona europeia e capaz de o fazer. A posição periférica de Portugal na zona europeia tornava impossível uma nova centralidade da zona colonial. Uma vez garantida a sua independência, por mais precária e formal que fosse, estava realizado o que se entendia por projecto nacional. Antero de Quental identificou com grande lucidez a fragilidade desta posição. Dias depois do Ultimato escrevia n'*A Província*:

> *Portugal ou se reformará política, intelectual e moralmente ou deixará de existir. Mas a reforma, para ser fecunda, deve partir de dentro e do mais fundo do nosso ser colectivo: deve ser antes de tudo, uma reforma dos sentimentos e dos costumes* (Quental, 1890: 220).

E acrescentava com amargura noutro contexto que afinal é tão próximo do nosso neste primeiro ano da segunda década do século XXI:

> *Há toda uma humanidade em dissolução, de que é preciso extrair uma humanidade viva, sã, crente e formosa.* [...] *Todavia quem pensa e sabe hoje na Europa não é Portugal, não é Lisboa* [...] *é Paris, é Londres, é Berlim* (1923: 330-331).

No período que medeia entre a terceira década do século passado e 1974, o fascismo transforma a rejeição europeia em motivo de exaltação nacionalista e leva a especificidade de Portugal ao paroxismo de mito fundacional. Depois da Segunda Guerra Mundial o regime fascista torna-se fatal para aspirações de promoção da sociedade portuguesa no interior do sistema mundial. Aliás, a sua longa duração faz com a rejeição europeia se metamorfoseie e o isolacionismo nacionalista se reinvente. O momento inicial de rejeição (Conferência de Berlim e Ultimato) ocorreu por não sermos colonizadores competentes no contexto da Europa imperial. Depois de 1945, a rejeição passou a ocorrer por não sermos descolonizadores competentes. A Europa do pós-guerra procurava reinventar (não abandonar) o imperialismo, respondendo às lutas de libertação nacional com o neocolonialismo, ou seja, com a aceitação das independências sob condição de as manter reféns de privilégios de dominação económica e mesmo militar concedidos às potências ditas ex-coloniais. O fascismo optou pelo velho imperialismo e o velho colonialismo, certamente por entender que Portugal, tal como não pudera ser um colonizador competente, não poderia ser agora um descolonizador competente, ou seja, dada a sua condição semiperiférica, não teria poder para manter laços neocoloniais com as ex-colónias. A Europa, saída das ruínas da guerra para a democracia e para o neocolonialismo, rejeita o Portugal ditatorial e colonial. Mas a rejeição nunca é total, evolui ao longo do tempo, e é mesmo oportunisticamente substituída por aceitação mais ou menos disfarçada sempre que o colonialismo português serve os superiores interesses do Ocidente, ou seja, da Guerra-Fria.

A transcendente importância da revolução do 25 de Abril de 1974 residiu em mostrar, por um lado, que a democracia era um valor em si e que, por isso, não dependia de oportunismos geoestratégicos, e, por outro, que a ausência de laços neocoloniais após as independências não era uma fraqueza de Portugal. Era simultaneamente a manifestação inaugural da nova democracia e a manifestação, tardia mas genuína, do respeito pelas lutas e aspirações dos movimentos de libertação nacional.

O momento europeu de aceitação (1974-2011)

O momento europeu neocolonial é o grande momento da aceitação de Portugal na Europa desenvolvida. Se o momento de rejeição confirmou que Portugal havia perdido o comboio da segunda modernidade europeia, o momento de aceitação levanta a questão de saber se Portugal pode agora apanhar o comboio do período que se segue à segunda modernidade.

O período de 20 anos entre o Maio de 1968 e a Queda do Muro de Berlim (1989) marca efectivamente o fim da segunda modernidade europeia e o início de uma longa transição paradigmática, para uma terceira modernidade, para uma transmodernidade ou para uma pós-modernidade, a designação pouco interessa aqui.[18] O facto de Portugal ter tido uma inserção periférica na segunda modernidade determina o seu desempenho, neste momento de aceitação, no centro da zona europeia num período de transição paradigmática?

No período que marcou o fim da segunda modernidade europeia, 1968-1989, ocorreram em Portugal três mega-acontecimentos: a Revolução do 25 de Abril de 1974; o fim do império colonial em 1975 e a entrada em Portugal no mesmo ano de cerca 500.000 cidadãos portugueses nascidos maioritariamente, nas colónias (os "retornados") vindos das ex-colónias; e a adesão à União Europeia. O significado destes acontecimentos está em aberto mas não é arriscado pensar que, através dele, Portugal procurou liquidar finalmente o deve e o haver da sua primeira modernidade. Fê-lo no mesmo período em que a Europa desenvolvida fechava as contas da segunda modernidade e iniciava o tempo de uma nova transição por enquanto incerta. Em Portugal e na Europa coincidiram, pois, as transições, mas certamente de realidades diferentes e para realidades que só com muito boa vontade podem ser imaginadas como convergentes no curto prazo. Esta assincronia tem uma longa duração, mas não está sujeita a nenhum férreo determinismo. De facto, as políticas de convergência da União Europeia, os fundos estruturais e os fundos de coesão foram imaginados como uma generosa e eficaz engenharia político-económica capaz de permitir a Portugal o curto circuito de, em poucas décadas, realizar plenamente a sua segunda modernidade

[18] Sobre a transição paradigmática, ver Santos, 1995, 2000 e 2008.

– o que aos países europeus desenvolvidos tinha levado dois séculos – e assim passar a coincidir, com o resto da Europa, e apenas com um ligeiro atraso, nas tarefas de transição para a nova modernidade, transmodernidade ou pós-modernidade.

O facto de tal não ter acontecido nem ser provável que aconteça a curto prazo não afecta em nada a importância das transformações neste último período. Através delas, Portugal é o único país europeu que, ao longo do seu percurso histórico, abre o caminho a uma refundação da sua identidade e, de facto, à constituição de um novo mito fundador. Ao mito da expansão segue-se o mito da Europa, um século depois da refundação proposta por Antero de Quental. Por muito tempo, o primeiro ainda será vigente e o segundo apenas emergente, mas o movimento de transmitificação parece evidente.[19] Em termos sócio-culturais – para já não falar das dimensões económica e política – é um processo particularmente complexo. O mito da expansão funcionou, no grande momento de rejeição, como um imaginário que permitia a Portugal "dispensar" a Europa porque tinha colónias.[20] O mito da Europa funciona, no grande momento de aceitação, como um imaginário que permite a Portugal "dispensar" as relações com as ex-colónias porque é Europa.

A magnitude do que está em causa pode ser facilmente ilustrada. Enquanto a zona colonial garantiu a independência a Portugal numa Europa westefaliana emergente mas não lhe garantiu um projecto nacional de desenvolvimento por falta de uma burguesia nacional, a União Europeia confirma a independência, reconfigurando-a num contexto pós-westefaliano, e substitui a ausência de um projecto nacional pela incorporação nacional num

[19] Para Eduardo Lourenço tal possibilidade não existe: "Toda a leitura do nosso passado como digno de memória está suspensa do 'facto' Descobertas. E como essa leitura é uma trama densa de textos em que esse "facto" se comentou, glosou, cantou, analisou, mais raramente se discutiu, nela e com ela se constitui o mito português, por excelência, de povo descobridor. Não temos outro" (2005: 35).

[20] Pensamento expresso de forma exemplar na máxima salazarista "Orgulhosamente sós".

projecto transnacional. A independência, tornada possível pela expansão, foi estruturalmente precária, do Tratado de Metween (1703), às invasões francesas (1807-1810) e ao Ultimato (1890). Não se imagina outra potência colonial sujeita à necessidade de transferir para a principal colónia (Brasil) a capital do Império a fim de sobreviver. Na União Europeia a precariedade da independência reproduziu-se sob outra forma mais genuinamente pactada.

Quanto ao projecto de desenvolvimento nacional, a União Europeia aparentemente aliviou Portugal de um peso histórico: nas novas condições criadas pela União Europeia, Portugal, que nunca teve uma verdadeira revolução burguesa, deixou de ter de se preocupar com as consequências negativas de tal falta. O 25 de Abril, que, de alguma maneira, criou as condições políticas para o florescimento de uma burguesia nacional, ocorreu num momento em que o tempo das burguesias nacionais, enquanto actores políticos, tinha passado. A burguesia portuguesa que, de facto, apoiou o 25 de Abril era a mais internacionalizada e não teve força sequer para suster as nacionalizações. Quando se reconstituiu, estava ainda mais internacionalizada e apenas à espera da União Europeia. Na União Europeia, Portugal tem e terá empresários e trabalhadores, tem e terá capital e trabalho, mas não tem e nem terá uma burguesia nacional, enquanto actor político coerente, credível e eficaz. Esta burguesia está dividida entre um sector plenamente internacionalizado para o qual o Estado português é demasiado pequeno para ter outra importância que não a de facilitar os grandes investimentos e aliviar a tributação e os encargos sociais, e um sector nacional para o qual o Estado português é demasiado grande para poder ser politicamente instrumentalizado, não lhe sobrando outro meio de manipulação senão a pequena e média corrupção e a evasão fiscal.[21]

21 Entre os dois sectores há muitas articulações, pelo que as estratégias do segundo sector servem muitas vezes o primeiro, ainda que este se mantenha delas formalmente distante.

Os sinais das transformações em curso apontam para alguns paralelos perturbadores com o que ocorreu no grande momento de rejeição. Saliento dois. Em ambos os momentos está em causa a incorporação de Portugal num projecto transnacional de desenvolvimento capitalista. No momento da rejeição tratava-se do projecto colonial europeu; no momento de aceitação, trata-se do projecto de integração europeia que pressupõe a eliminação da zona colonial e o neocolonialismo. Em ambos os momentos, a integração bem sucedida no projecto transnacional pressupõe a existência de um projecto nacional de incorporação e a capacidade económica e política para o levar a cabo.

Na aparência, a União Europeia representa o fim da multissecular ausência de projecto. Finalmente, Portugal é parte de um verdadeiro projecto que excede em muitos aspectos o seu presente, que tem objectivos claros e dispõe de um plano, métodos e estratégias para os atingir. É, além disso, um projecto hegemónico, ou seja, um projecto que suscita o mais generalizado consenso na sociedade portuguesa. Parecem, pois, criadas as condições para o Portugal em sentido amplo se deixar de preocupar com o Portugal em sentido restrito. Penso, contudo que o projecto europeu, pelo menos até agora, é mais uma versão da ausência de projecto. Sem dúvida que a entrada na União Europeia transformou profundamente a sociedade portuguesa e, na esmagadora maioria dos casos, tratou-se de uma transformação positiva, para melhor. No entanto, penso que até ao presente essas transformações têm sido menos assumidas como parte de um projecto que foi adoptado com peso e medida do que como resultado auspicioso de novas rotinas impostas de fora. Parece que Portugal está no projecto europeu, mas ainda não é o projecto europeu. Tal como esteve nas colónias sem ser colonizador efectivo. Tal como então, está no lugar fora da norma hegemónica de estar.

Não se trata apenas de um défice. Portugal não é ainda o projecto europeu porque talvez acolha experiências, sociabilidades e culturas que extravasam do projecto europeu. O que é menos--que-a-Europa pode ser visto como mais-que-a-Europa. Do mesmo modo, o facto de não ter sido colonizador efectivo significou também a possibilidade de tecer relações não coloniais no interior da zona colonial. O ter estado aquém do colonizador permitiu também estar além do colonizador. Este modo de estar é tão intenso quanto furtivo.

Esta continuidade está bem expressa no aventureirismo que caracteriza o modo como foram utilizados os fundos estruturais[22] e de coesão, em muitos aspectos semelhante ao aventureirismo que caracterizou o modo como as colónias foram exploradas. Nestas, os portugueses foram quase sempre aventureiros e poucas vezes colonos. Exploraram com insaciável avidez a riqueza fácil e à mão, mas raramente se instalaram para, com trabalho e tecnologia, valorizar os recursos locais e multiplicá-los em projectos de desenvolvimento sustentável, como hoje se diria.[23]

No caso dos fundos estruturais e de coesão, deixou-se que estes se tornassem presa fácil de corrupção impune, enterrando-os em cimento e betão em vez de os pôr ao serviço da viragem educativa e científico-tecnológica, que permitiria a Portugal apropriar-se do projecto europeu, tornando-o verdadeiramente seu. Daí que Portugal esteja no projecto europeu mas, por enquanto, mais como hóspede do que como anfitrião. Até agora, a entrada na União Europeia é mais uma versão da ausência-de--projecto-feita-projecto-de-si-mesma.

Por estas razões, a ausência-de-projecto-feita-projecto-de--si-mesma é o que melhor caracterizou o entre-tempos que podemos estar agora a abandonar, um tempo de reajustamentos entre palimpsestos de sedimentações históricas e simbólicas.

22 Estes fundos destinavam-se a ajudar os países menos desenvolvidos (como Portugal, Espanha, Grécia e Irlanda), no momento em que se juntaram à UE, a acelerar a sua convergência em relação à "Média Europeia".

23 Talvez com a excepção de Angola e, em menor medida, de Moçambique na fase final do ciclo imperial.

Tal ausência teve uma enorme plasticidade que lhe permitiu transfigurar-se simultaneamente em imobilismo e em mudança. Tornou possível tanto o quixotismo como a rotina-feita-realismo. Esta última consiste na renúncia a mudar a realidade por ser impossível mudá-la de modo consistente e planeado. A mudança consistente e planeada da realidade exige um projecto; não havendo projecto, a rotina é o melhor seguro contra o futuro incerto. É surpreendente que nestes últimos trinta anos se tenham mantido tantas rotinas ancestrais e se tenham criado rapidamente outras apenas cosmeticamente distintas das que as precederam, no parlamento e nos jornais, nas universidades e nas fábricas, no funcionalismo público e no Governo, na família e na rua. Contra o projecto, o método, o rigor, a persistência e a responsabilização, a rotina é o governo do conhecido pelo conhecido, a facilidade própria do deixar correr. A rotina incerta é uma forma de prestação de contas que mal se distingue da irresponsabilidade e da impunidade.

O momento europeu da tolerância, ou seja, da rejeição disfarçada de aceitação (2011-)

O momento de aceitação europeia foi mais ambíguo do que pareceu enquanto o vivemos. Acabou por ser mais uma demonstração das dificuldades do país para sair do seu estatuto semiperiférico. Podemos dizer que a Espanha aproveitou melhor que Portugal a oportunidade europeia. Era uma economia aberta há mais tempo (Franco abriu a economia na exacta altura em que Salazar a fechou) e pôde transformar Portugal na alavanca inicial da sua expansão por via da integração europeia. Uma integração ibérica desigual conduziu a uma integração europeia desigual dos dois países ibéricos.

O novo momento em que acabámos de entrar furta-se por agora a uma análise consistente. Pelo que já é possível ver, é o momento em que se desfazem as ilusões da promoção fácil por via da integração na UE. É um momento de grande frustração e presta-se a todas as acusações e atribuições de culpa. O comportamento que adoptámos no segundo momento impede que seriamente nos dispensemos de culpas no que se está a passar. Mas é óbvio que, como noutros momentos anteriores, os nossos tempos não coincidiram com os tempos hegemónicos e o facto de tal ter acontecido não é culpa nossa. É aqui que o diagnóstico da crise deixa de ser português para passar a ser europeu e mesmo mundial. Em retrospecto, é possível dizer que entrámos na UE no momento em que o neoliberalismo ia ganhando terreno no interior da Europa com a então já anunciada crise do Modelo Social Europeu. Ou seja, a superação da nossa ausência de projecto nacional por via da integração no projecto europeu estava frustrada à partida porque no momento em que nos integrámos esse projecto estava já em crise, ainda que tal não fosse então evidente. O aprofundamento da integração, com o Tratado de Maastricht em 1992, criou uma euforia integracionista que deixava por acautelar os interesses dos países periféricos, e a situação destes foi-se deteriorando à medida que os três pilares da integração foram sendo postos em prática. Foi sendo claro que os novos instrumentos, como o Banco Central Europeu, foram desenhados para servir fielmente os interesses do eixo franco-alemão. E o mesmo se diga da abertura da UE ao comércio internacional.

O que aconteceu na última década não é difícil de reconstituir. A balança de pagamentos foi sendo equilibrada com empréstimos contraídos no exterior. Este saldo negativo foi-se acentuando com a entrada no euro, sendo coberto por cada vez mais crédito externo concedido ao Estado, à banca e às grandes empresas públicas e privadas. Portugal, como muitos outros países, foi vivendo a crédito e isso só foi possível porque o acesso ao crédito era fácil e a taxa de juro muito baixa; porque havia recursos financeiros acumulados abundantes que fugiam da "esfera da economia real" para a esfera do crédito;[24] porque os credores emprestavam a Portugal (e outros periféricos) a taxas "alemãs", acreditando que numa economia do euro o risco de incumprimento era negligenciável.

A lógica deste caminho está inscrita na areia do neoliberalismo financeiro. Os bancos com meios financeiros que não querem, ou não podem, canalizar para a "esfera da economia real", emprestam aos Estados, aos bancos e às grandes empresas das economias deficitárias a juro baixo. Estas economias esperam crescer com o investimento privado e público e com a expansão da procura interna. Essa é a promessa da convergência na UE. Crescendo, poderão fazer face à dívida. Ora, Portugal, apesar do crescimento da produtividade e alguma alteração do padrão de especialização, não se transformou (nem se podia transformar) em dez anos numa Alemanha;[25] à falta de reconversão suficiente, o défice comercial cresceu porque o euro é demasiado forte para Portugal; a balança de capitais degradou-se porque o investimento directo estrangeiro se deslocou para Leste (com o alargamento da UE). Entretanto, os credores sabiam de antemão que o

[24] Redistribuição do rendimento a favor do capital e o dos gestores da finança, procura em todo o mundo comprimida pela "moderação salarial", encaminhamento dos rendimentos do capital (e do "trabalho de gestão") para o crédito que sustentaria o consumo... durante algum tempo.

[25] De resto, transformar a Europa toda, incluindo Portugal, numa Alemanha, como supõem as estratégias europeias de competitividade é um objectivo *fútil* e *moralmente dúbio*. Fútil: porque as vantagens competitivas construídas sobre fronteiras do conhecimento são precárias; as fronteiras do conhecimento são mais porosas do que as velhas barreiras alfandegárias e cedo os emergentes serão (felizmente) capazes de subir a escada que a Europa lhes quer retirar. Moralmente dúbio: porque é uma vantagem construída em detrimento de outros que se supõem serem incapazes de ascender à "economia do conhecimento". O capitalismo assume neste caso a forma de um neocolonialismo cognitivo que justifica manter o resto do mundo dependente do conhecimento que não têm nem podem vir a ter (pois assim determinam os direitos de propriedade intelectual) estando deste modo condenados a comprar aviões, equipamentos sofisticados e produtos farmacêuticos em troca de matérias primas, têxteis banais e sapatos.

crescimento não é garantido e que o processo de endividamento não se pode prolongar indefinidamente, mas isso não os deteve porque tinham boas razões para acreditar que, se a situação do devedor se agravasse, as instituições internacionais interviriam para garantir que os Estados dos países endividados obrigassem as classes médias e os pobres desses países a pagar a dívida. Quando essa possibilidade se aproximou, os juros tornaram-se especulativos para ganhar no curto prazo o que o longo prazo não garantia. O efeito de contágio da tragédia grega, combinado com mercados financeiros licenciados pelo neoliberalismo para pilhar os países em dificuldades, precipitou a tragédia portuguesa.[26]

Abre-se um novo interregno de medo e levará algum tempo até que a esperança o supere. Neste momento, a tarefa analítica mais urgente incide sobre o impacto das medidas de austeridade recessiva e, logo depois, sobre o modo como sair da crise a curto e a médio prazo. Assim farei no que se segue.

[26] Já no final de Junho de 2011 a dívida pública total era 172.393 milhões de euros (Boletim IGCP). Contas feitas, como a população residente maior de 25 anos (INE, 2010) é de 7 839 661, cada português deve a módica quantia de 21.989 euros.

Capítulo 3

A desmedida das medidas de austeridade recessiva

A desigualdade social

Não é só em Portugal que as desigualdades sociais têm vindo a aumentar nas duas últimas décadas mas o fenómeno atinge entre nós uma proporção particularmente preocupante.[27] A tendência de aumento das desigualdades sociais nas duas décadas que decorreram após 1985 é geral nos países da OCDE (OCDE, 2010:27; OCDE, 2011). Em Portugal, o aumento acumulado é de 0,05 pontos ou de 17,5% no coeficiente de Gini na distribuição dos rendimentos durante o período em análise. Este aumento estrutural e global das desigualdades sociais, embora com impactos diferenciados conforme os países, obriga, segundo a OCDE (2008: 306), à definição de políticas fiscais, de saúde e de educação, que, quer pela estratégia da redistribuição quer pela estratégia do mercado de trabalho, permitam um crescimento equitativo e uma maior qualidade de vida das populações. As recomendações estão nos antípodas das receitas de ajustamento estrutural que o FMI tem vindo a impor ao mundo e que agora a UE-BCE adoptam com desarmante displicência e com um zelo que supera o do próprio FMI.

[27] Ver Mendes, 2003, 2005 e 2009.

Ora, dados do Inquérito às Condições de Vida e Rendimento (UE-SILC) referentes a 2009 revelam que Portugal se encontra entre os países com os índices mais altos de desigualdade social da União Europeia (Eurostat, 2011; INE, 2010). A Letónia é o país com mais desigualdade na distribuição de rendimentos, seguido da Roménia e da Lituânia. Logo a seguir vêm, ex-aequo, a Espanha, Portugal e a Bulgária.

O rendimento dos 20 por cento da população mais ricos em Portugal é 6,0 vezes superior ao dos 20 por cento mais pobres. Também para 2009, 17,9% por cento da população estava em risco de pobreza após as transferências sociais, com especial incidência para os jovens até aos 17 anos (22,9% por cento em risco) e para os idosos com mais de 65 anos (20,1 por cento) (INE, 2010). Sem as transferências relativas a pensões, 24% da população estaria em risco de pobreza, e a taxa de risco de pobreza seria de 41,5% para a população portuguesa em 2009 sem nenhuma das transferências sociais.

Para Renato Miguel do Carmo *et al.* (2010), reportando-se aos dados do mesmo Inquérito para 2007, "A baixa escolaridade, o desemprego, a monoparentalidade, o número elevado de filhos e viver só são factores que contribuem para elevar a taxa de risco de pobreza".

O emprego é uma barreira eficaz contra o risco de pobreza, uma vez que este é de 10.3% entre a população empregada e de 37% na população em situação de desemprego (INE, 2010). Em Março de 2011, 551.861 mil portugueses estavam inscritos como desempregados no Instituto de Emprego e Formação Profissional (IEFP, 2011). Deste mais de meio milhão de pessoas desempregadas, 71,1 % só tinham estudado até ao 9º ano de escolaridade. A maior parte destes desempregados tinha entre 35 e 54 anos. Em relação a Março de 2010, o desemprego aumentou nos inscritos há um ano ou mais (+13,1%) e nos que tinham habilitações de nível secundário (+3,9%) ou superior (+2,9%).

Na perspectiva da equipa do Observatório das Desigualdades, "a economia portuguesa depara-se não só com o problema das baixas qualificações da população trabalhadora, mas também com a questão da baixa oferta de emprego de qualificação intermédia" (Carmo, 2010).

Mais preocupante é o modo como se estruturam e distribuem as oportunidades de promoção social na nossa sociedade. Nos seus melhores momentos, as teorias liberais da democracia e da justiça social centraram a sua atenção na defesa da igualdade de oportunidades como princípio fundador de uma sociedade livre e justa. Este princípio foi depois adoptado pelas teorias do desenvolvimento, e é central às que têm vindo a ser propostas por Amartya Sen (2009). À luz deste princípio, a situação portuguesa é muito preocupante porque Portugal, além de elevados níveis de desigualdade social, apresenta também níveis acentuados de desigualdade de oportunidades quando comparado com outros países da União Europeia. Ou seja, os indivíduos e as famílias portuguesas não têm acesso igual a um conjunto de recursos que lhes permitam obter rendimentos médios compatíveis com o nível de vida considerado adequado no espaço europeu. Os países com maiores desigualdades de oportunidades, utilizando dados de 2005, eram Portugal, a Polónia, a Lituânia, a Letónia e a Estónia (Checchi *et al.*, 2010).

Significativamente, os dados revelam, contra o mito da indolência dos portugueses,[28] que as desigualdades de rendimentos e as desigualdades sociais derivam mais de componentes institucionais do que da falta de empenho e de esforço dos indivíduos e das famílias mais desfavorecidas. Checchi *et al* distinguem entre as desigualdades de oportunidades *ex-ante* (anteriores à entrada no mercado de trabalho), que se relacionam sobretudo com a

[28] Mito plasmado nas afirmações da chanceler alemã, Angela Merkel, exigindo a unificação da idade da reforma e dos períodos de férias na União Europeia e criticando os sistemas vigentes na Grécia, Espanha e Portugal.

despesa pública em educação e uma configuração institucional que minimiza o impacto das origens sociais dos estudantes nos resultados escolares, e as desigualdades de oportunidades *ex-post* (após a entrada no mercado de trabalho), ligadas ao peso e papel dos sindicatos e à redistribuição fiscal. Segundo estes autores, em Portugal as desigualdades de oportunidades derivam mais das dinâmicas *ex-post*, isto é, do papel dos sindicatos e das políticas de redistribuição fiscal nos níveis de rendimento individuais e familiares. Enquanto nas desigualdades de oportunidades *ex-ante* Portugal se situa no 14º lugar entre os 25 países analisados, nas desigualdades *ex-post* Portugal é o 9º país com maiores desigualdades de oportunidades.

Embora Portugal seja dos países em que os indivíduos mais retorno tiram da educação para obterem rendimentos elevados no mercado de trabalho (Alves *et al.*, 2010), as desigualdades sociais estruturam-se sobretudo a partir da segmentação do mercado de trabalho e das enormes disparidades de rendimentos entre as profissões e os postos mais qualificados e as profissões e postos de trabalho com baixas qualificações. Uma política da igualdade passa pela diminuição dos exagerados hiatos salariais existentes em Portugal e da diminuição das diferenças materiais, remuneratórias e simbólicas entre os vários lugares do campo profissional em Portugal.

A desigualdade social, por mais importante que seja, nunca diz tudo sobre a injustiça social. Para esta contribuem igualmente as diferentes formas de discriminação social, sobretudo a discriminação sexual e racial. Aliás, a desigualdade e a discriminação alimentam-se reciprocamente. Em geral, o agravamento da desigualdade vai de par com o aumento da discriminação. Em Portugal e pelas razões aduzidas abaixo (sociedade-providência), o aumento da desigualdade social implica o agravamento da discriminação contra as mulheres. Serão elas que pagarão boa parte da factura da crise.

A classe média sitiada

O aumento da pobreza é o impacto social mais previsível das medidas de austeridade mas o seu significado político decorre de estar ligado ao desmantelamento da já frágil classe média. E, neste domínio, vai ser decisivo o que vai acontecer ao Estado português nos próximos tempos. À semelhança de outros países semiperiféricos, o Estado, como sector de referência, tanto a nível salarial como nas condições de emprego (igualdade relativa no recrutamento; progressão; estabilidade) tem funcionado como indutor do chamado "efeito de classe média"[29]. A mobilidade social através do Estado, tem sido possível e visível, até porque, algumas décadas atrás, o recrutamento inicial, por ausência de qualificações na população em geral, permitiu a ascensão a cargos de chefia de pessoas com os antigos 5º e 7º anos. Nas últimas décadas, o Estado e o ensino público têm sido praticamente os únicos meios de ascensão social para os descendentes das classes médias assalariadas com poucos recursos (ex: pequena burguesia de execução, como secretárias, contínuos, etc.).

Num contexto em que a recessão e a destruição do direito laboral impedem que o efeito indutor de mobilidade através do Estado seja assumido pelo sector privado, o emagrecimento do Estado conduzirá a que o "efeito de classe média" se dissipe, associado também aos níveis de endividamento dos sectores médios e baixos da classe média (ver adiante).[30] A fraca classe média portuguesa será a grande afectada pelas medidas de austeridade, nos níveis de consumo, nas estratégias de educação, nas relações sociais em geral. Com isto, a estrutura social fecha-se ainda mais

[29] Para um aprofundamento e análise detalhada sobre a classe média vejam-se os trabalhos de Estanque 2003, 2012.

[30] O desmantelamento e desmoralização do sector público como sector de referência na estabilidade de emprego e na progressão das carreiras iniciaram-se com os governos de Cavaco e Silva em 1986, altura em que realmente a ideologia neoliberal assenta praça em Portugal.

e a mobilidade social, quando existe, é descendente. Os destinos estão traçados pelas origens e isto vai-se acentuar no futuro.[31]

O problema não é de agora mas vai agravar-se. O bloqueio da mobilidade social começou na década de noventa e atingiu primeiro os homens que as mulheres. Durante esta década as mulheres tiveram fortes oportunidades de ascensão social sobretudo através da educação. De facto, em Portugal, a mobilidade social depende muito da educação e as mulheres souberam aproveitar esse recurso com bons resultados até 2000. As políticas de educação da última década têm vindo a bloquear a ascensão social dos sectores populares. Por exemplo, a concentração em grandes agrupamentos, o fim da escola de proximidade nas zonas rurais e despovoadas acentuam estas tendências. A escola volta a estar, agora mais do que nunca, ao serviço da reprodução das elites.

Confirmando o seu carácter semiperiférico, a estrutura social portuguesa mantém um forte peso morfológico da pequena burguesia (trabalhadores por conta própria; agricultores; etc.). Com a crise, serão reactivadas estratégias de sobrevivência tais como o recurso às redes familiares, ao sobretrabalho, à agricultura de complemento ou à emigração temporária. Sobretudo estas duas últimas pareciam ter sido superadas para sempre, testemunhos de um passado de dificuldades que a melhoria das condições de vida tornara obsoletos. As outras fracções de classe, sobretudo os que estão em ciclo de desemprego, tenderão a acentuar o peso da economia informal que, segundo dados recentes, pode ascender a 30% do PIB.

O fim do Estado como instrumento de mobilidade social afecta sobretudo as classes médias assalariadas altamente qualificadas e a classe média assalariada de fracos recursos; para o operariado, a esmagadora maioria da população activa, tal tendência acaba

[31] O problema não é de agora. A probabilidade relativa de um filho de operário aceder a um lugar de profissão liberal é de 1/7 quando comparada com a de um filho de profissão liberal em 1999; esta relação era de 1/5 em 1995.

com quaisquer expectativas de mobilidade. A projecção mediática dos protestos dos jovens desempregados ou precários altamente qualificados reflecte os problemas de uma pequena faixa da população activa. A nível simbólico é, contudo, devastadora.

O significado político da massiva despromoção social que pode ocorrer está em aberto. A este respeito, apetece citar as declarações do ex-director do FMI, Dominique Strauss-Khan, a 13 de Abril de 2011 quando, em flagrante contradição com as políticas que a instituição tem prosseguido no mundo, afirmava: "A estabilidade depende de uma classe média forte que possa aumentar o consumo. Não conseguiremos isto se o crescimento económico não conduzir à criação de empregos decentes, nem se o crescimento recompensar a minoria dos mais favorecidos em detrimento dos numerosos marginalizados". [32]

O desemprego

Não é difícil prever que vamos assistir a três fenómenos próprios deste processos de crise: o aumento de desemprego, o aumento do número de horas de trabalho dos que estão empregados e a erosão do trabalho com direitos. A gravidade da evolução decorre dos elevados níveis de que partimos em ambas as situações. A média da taxa de desemprego nos países da OCDE desceu para 8.1%. Os países que continuam a registar taxas de desemprego muito elevadas são Portugal, 12,6%, a Hungria, 11,6%, a Eslováquia, 13,9%, a Irlanda, 14,7% e Espanha, 20,7%.

No que respeita às horas de trabalho, segundo um relatório recente da OCDE, abrangendo 26 dos 34 países que a integram, os portugueses são dos que mais horas trabalham por dia

[32] O teor destas afirmações estaria ligado à possibilidade de uma candidatura de Strauss-Khan à presidência de França, entretanto descartada pelas denúncias posteriores de prática de crimes sexuais.

(trabalho remunerado e trabalho não remunerado): 8,71 horas. A trabalharem mais do que os portugueses, na OCDE, só estão os mexicanos (9,9 horas por dia) e os japoneses (9 horas diárias). No fim do "ranking" está a Bélgica, com 7,1 horas. A média total da OCDE é de 8 horas por dia. Este facto mostra que a relativamente baixa produtividade dos trabalhadores portugueses têm sobretudo a ver com a falta de inovação e as deficiências organizacionais do tecido empresarial.

No que respeita à precarização das relações laborais e à erosão do direito do trabalho,[33] devemos ter em mente que desde o início do capitalismo industrial o trabalho tem sido a grande via de acesso à cidadania. Os sucessos da luta pelo trabalho com direitos, pela partilha da riqueza nacional com base nos aumentos de produtividade do trabalho, em suma, pelos direitos económicos e sociais tornaram possíveis três coisas inimagináveis em meados do século XIX: que os trabalhadores pudessem consumir alguns dos produtos que produziam; que os trabalhadores pudessem planear a sua vida e a da sua família, um privilégio até então reservado à burguesia e à nobreza; que os trabalhadores acreditassem que a democracia liberal, representativa, apesar de todas as suas armadilhas e contradições, podia ser mobilizada a seu favor com algum êxito.

Tudo isto pode parecer hoje trivial, mas é um erro fatal pensar assim. Por um lado, os direitos foram conquistados à custa de muita violência e de muito sofrimento. Por outro lado, todo este edifício de relativa solidariedade social tem vindo a ser demolido desde há trinta anos e a demolição está a atingir as fundações supostamente mais sólidas, situadas na Europa do pós-guerra. No caso de Portugal, as fundações são, de todas as fundações europeias, das mais frágeis porque só começaram a ser construídas no último quartel do século passado, depois de Revolução do 25 de Abril. Não mais que duas gerações de trabalhadores

[33] Ver Ferreira, 2011 (no prelo); 2005a e 2005b.

viveram as três realidades antes inimagináveis. Que vai ser da terceira geração, "a geração à rasca"?[34]

Dada a sua histórica falta de hegemonia, analisada no capítulo 2, a burguesia portuguesa precisou de intervenção externa para impor o que até agora não foi capaz de impor pelos seus próprios meios. O futuro é neste domínio o mais incerto porque não se sabe até que ponto a geração à rasca poderá levar a sua luta, nem que aliados vai mobilizar a seu favor. Por agora, o facto de esta geração estar divorciada dos sindicatos é tão preocupante para o futuro dela como para o futuro dos sindicatos. Sem ela, os sindicatos não se renovam; sem eles, a geração cairá facilmente no desespero, a menos que encontre formas de organização inovadoras que não sejam nem sindicatos nem partidos.

A um cidadão comum é difícil imaginar que facilitar o despedimento hoje seja a única forma de criar emprego amanhã. No entanto, é essa a "verdade" que o pensamento neoliberal impõe como evidente[35]. Como é próprio desta última versão do capitalismo global, dominado pelos tempos instantâneos do capital financeiro, a lógica do curto prazo torna-se mais destrutiva do que nunca e as crises que vai produzir, apesar de muito previsíveis, só podem ser discutidas como "dissidência económica" facilmente descredibilizada.[36] De nada vale mostrar que

[34] A "Geração à Rasca" é um grupo constituído maioritariamente por jovens portugueses que afirmam num dos seus panfletos: "Somos contra a Precariedade, contra os Recibos Verdes, pela estabilidade no Emprego, contra a escravatura em Portugal, contra os salários de 500 euros, não temos partido político, o nosso partido é Portugal. Contra o actual estado do País, sem Justiça, sem Igualdade e sem rumo. Nós não queremos emigrar, já perdemos muitos amigos, conhecidos, familiares que partiram para fora por não encontrarem emprego, até quando....!!! Queremos ser parte da solução, queremos um Portugal Melhor".

[35] Ver uma análise detalhada em Louçã e Caldas (2009:334).

[36] Já foi mais fácil descredibilizar o pensamento económico alternativo já que ele começa a afirmar-se com pujança ao propor leituras novas e convincentes das crises e soluções que não deixam a democracia e o bem-estar dos cidadãos à porta dos cálculos. Ver, entre nós Reis, 2007.

não existe sequer nenhuma relação clara entre a fraca regulação laboral e o crescimento económico. A economia convencional, que soube imunizar-se contra a democracia e a justiça social, imuniza-se agora contra o bom senso.

O ataque aos direitos laborais sem adequada segurança de emprego e de protecção social vai dar mais uma machadada no bom senso que ainda sobrevive numa das agências da ONU, a Organização Internacional do Trabalho (OIT). Mas esse bom senso, apesar de estar sob fogo, pode ainda servir de inspiração para a geração à rasca. Trata-se da proposta do trabalho digno, apresentada pelo Director-Geral da OIT, Juan Somavia, em 1999. Como disse recentemente Somavia:

> *"Antes da crise, nós já sabíamos muito bem que existia uma crise. O crescimento subjugado ao emprego produtivo, relacionado com o aumento dos resultados, escassa protecção social, associada à desigualdade crescente combinou-se com uma excessiva confiança na auto-regulação dos mercados. As classes médias foram enfraquecidas. Pessoas jovens, trabalhadores estrangeiros e mulheres em condições precárias e informais de trabalho estão particularmente expostos às dificuldades da actual crise."*[37]

Sendo a OIT, uma organização *sui generis* em que participam representantes do Estado, dos empresários e dos trabalhadores, a proposta do trabalho digno nada tem de revolucionário e, tendo sido aprovada por representantes de todas as partes, dir-se-ia que se converteu rapidamente em prática comum. De facto, assim não é. Continua a ser uma aspiração desmesurada que cada mulher e cada homem possa aceder a um trabalho digno e produtivo em condições de liberdade, equidade, segurança e dignidade, ou seja, com oportunidades para realizar um trabalho produtivo com uma remuneração equitativa; segurança no local

[37] OIT; 2009:III

de trabalho e protecção social para as famílias; melhores perspectivas de desenvolvimento pessoal e integração social; liberdade para expressar as suas preocupações; organização e participação nas decisões que afectam as suas vidas; e igualdade de oportunidades e de tratamento para todas as mulheres e homens.

E o mais trágico é que durante algum tempo estas condições foram consideradas na Europa como recomendáveis para o mundo menos desenvolvido mas demasiado insuficientes para os trabalhadores europeus. Hoje, a geração à rasca, tanto em Portugal como no resto da Europa, constata que mesmo essas condições mínimas estão a desaparecer do mundo do trabalho em que se insere e que a luta por elas será muito dura.

O endividamento das famílias

O endividamento das famílias é hoje um fenómeno comum a todos os países em que o crédito ao consumo se transformou numa área cobiçada pelo capital financeiro. Fala-se de sobreendividamento (por vezes também referenciado como falência ou insolvência) quando está em causa a incapacidade para cumprir os compromissos assumidos (Marques *et al.* 2000). Esses compromissos decorrem sobretudo da contratação de crédito para compra de habitação e de diversos bens de consumo.

A exuberância da oferta de crédito combinada com a compressão dos rendimentos salariais e a queda do valor de mercado dos activos, em particular imobiliários, são as principais causas de ocorrência de situações de sobreendividamento na generalidade dos países. As situações de desemprego são em geral os detonadores da insolvência pessoal e familiar. Em Portugal, o crédito vulgarizou-se a partir dos anos de 1990, tornando devedores diferentes classes ou estratos sociais. Essa expansão ocorreu num cenário de crescimento económico e de baixa taxa de desemprego. Contudo, nos últimos anos, o ciclo económico inverteu-se e o desemprego começou a aumentar. Embora a um ritmo menor do que anteriormente, a taxa de endividamento das famílias continuou a crescer.

Segundo Catarina Frade (2006, 2007 e 2008), o triângulo de risco do sobreendividamento é constituído por *problemas laborais graves, multiendividamento e fragilidade das poupanças pessoais e das redes sociais*. Isto significa que a ocorrência do desemprego pode não ser, em si mesma, suficiente. Normalmente é necessário verificar-se uma ou várias das seguintes situações: longa duração da situação de desemprego, impossibilidade de beneficiar do subsídio de desemprego, desemprego de outro membro do agregado, divergência acentuada entre os rendimentos antes auferidos (e com base no qual se planearam as despesas) e o subsídio de desemprego; obtenção de um novo emprego mais mal remunerado; perda de importantes complementos remuneratórios regulares (subsídios e prémios, remuneração de trabalho suplementar). Por vezes, não é sequer necessária a perda do emprego para que um indivíduo entre em dificuldades. Basta que as suas condições laborais se alterem de forma particularmente gravosa.

O *multiendividamento* consiste na existência de múltiplos compromissos financeiros. Um consumidor com vários créditos encontra-se, à partida, mais vulnerável a uma perda de rendimento ou a um agravamento inesperados de despesas (em saúde, por exemplo), uma vez que está obrigado a fazer uma gestão mais complexa (mais créditos, mais credores, diferentes montantes, diferentes prazos e taxas de juro). Um indivíduo que tenha apenas um crédito, mesmo que se encontre em dificuldades, possuirá, em regra, mais espaço negocial, pois terá apenas que se confrontar com um único credor. Simultaneamente, terá maior facilidade em canalizar os seus esforços financeiros para satisfazer uma só dívida.

Por fim, a *fragilidade das poupanças pessoais e das redes sociais* é o factor que mais contribui para a insustentabilidade financeira dos indivíduos perante a deterioração das condições de trabalho.

Aqueles que vivem situações laborais graves e estão multiendividados podem, todavia, conseguir manter, pelo menos durante um certo tempo, a regularidade dos pagamentos às instituições de crédito se puderem contar com algum aforro e a ajuda financeira ou material de familiares e amigos. A isto chamamos a sociedade-providência, e sobre ela falaremos adiante.

Os níveis de endividamento dos portugueses são já bastante altos. O quadro abaixo mostra, em termos comparados, o nível de endividamento *per capita* dos portugueses respeitante à habitação e ao consumo.

QUADRO 1

Endividamento *per capita* em 2009 (habitação+consumo)

Portugal	12.962€ (Habitação: 10.319€)
Espanha	19.058€ (Habitação: 14.269€)
Grécia	10.686€
França	15.157€
Reino Unido	27.528€
Alemanha	17.183€
Dinamarca	56.095€
Holanda	35.360€
Finlândia	18.378€
Bélgica	17.350€
Polónia	2.643€
Roménia	1.105€
EUA	29.668€

Fonte: ECRI (2010), *ECRI Statistical Package 1995-2009*

Também é elevada a sua vulnerabilidade financeira. Segundo o Índice Genworth[38], os portugueses apresentavam em 2010

[38] Estudo de avaliação da vulnerabilidade financeira dos consumidores de 14 países dos maiores mercados europeus, dos EUA, do Canadá, México e Austrália. A Genworth Financial é uma empresa especializada em seguros de protecção ao crédito que também tem presença em Portugal.

a segunda maior taxa de vulnerabilidade financeira dos países analisados, registando-se uma deterioração face a 2009, quando exibiam a quarta taxa mais alta (ver quadro 2).

QUADRO 2

Vulnerabilidade financeira segundo o Índice Genworth

	2010	2009
Grécia	76	52
Portugal	66	45
Polónia	65	60
Itália	52	40
Alemanha	41	33
Irlanda	36	63
Espanha	32	31
Turquia	23	32
México	23	–
França	22	24
Grã-Bretanha	19	10
EUA	8	15
Austrália	6	–
Finlândia	- 4	- 7
Canada	- 4	–
Suécia	- 25	- 20
Dinamarca	- 27	- 25
Noruega	- 43	- 48
14 Países Europeus	31	28
3 Países da América do Norte	10	–
Todos os 18 países	19	–

Fonte: Genworth Financial (2010)

A vulnerabilidade não significa necessariamente incumprimento e menos ainda insolvência. Aliás, uma das características mais paradoxais dos portugueses é a de combinarem altos níveis de endividamento com relativamente baixos níveis de incumprimento.

A sociedade-providência

A determinação do impacto das medidas de austeridade recessiva no tecido social português é um exercício complexo. Torna, por exemplo, particularmente difícil definir o patamar de asfixia social acima do qual vai haver perturbação social. A dificuldade reside no modo específico de formação de rendimentos e em particular ao peso dos rendimentos não-salariais das famílias. Dois factores se destacam neste domínio: a economia informal e a sociedade-providência.[39] Em ambos os casos a sociedade portuguesa tem especificidades importantes em relação à norma europeia. Por via delas, as normas de consumo são na nossa sociedade mais avançadas que as normas de produção. Enquanto aquelas nos aproximam dos países mais desenvolvidos, estas têm algumas perturbadoras semelhanças com os países menos desenvolvidos (trabalho infantil, salários em atraso, repressão sindical na fábrica, etc.).

A economia informal ou economia-sombra é o conjunto de actividades que geram rendimentos não registados e não tributados, dos biscates à produção para auto-consumo, das "explicações" a estudantes em dificuldades ao artesanato de horas vagas,

[39] Para além delas há ainda que mencionar dois outros factores típicos de uma sociedade semiperiférica: as remessas de emigrantes e a emigração temporária. Qualquer deles foi já muito importante décadas atrás e é possível que regresse agora. Muitos dos emigrantes dos anos 1960-70, entretanto regressados ao país estão agora a reactivar as suas redes de contactos no estrangeiro para a eventual emigração dos seus filhos ou parentes, quando não deles próprios. O próprio ministro da economia, Álvaro Santos Pereira, chegou a declarar que "se nada for feito em breve estaremos todos emigrados". Mais de 100 mil portugueses estão a sair por ano do país. Recentemente o secretário de Estado do Desporto e Juventude, Alexandre Mestre, sugeriu aos jovens desempregados que saíssem da sua "zona de conforto" e procurassem oportunidades "além fronteiras" sendo apoiado nestas declarações pelo ministro Adjunto e dos Assuntos Parlamentares, Miguel Relvas, que considera que a emigração de jovens portugueses qualificados sem oferta de emprego em Portugal pode ser algo "extremamente positivo".

da pequena agricultura complementar ao serviço doméstico eventual, dos cuidados com idosos ou crianças à auto-construção ou à preparação de refeições. Pela sua própria natureza é muito difícil determinar o peso da economia informal em Portugal mas alguns estudos recentes consideram-no particularmente elevado no contexto europeu: entre 20% e 30% do PIB.

Estes rendimentos podem constituir um apoio precioso em caso de sobreendividamento, desemprego ou outra perda brusca de rendimentos. O problema é que algumas destas fontes de rendimento podem ser também afectadas pela crise económica e social (ex. os pais deixam de poder pagar as explicações dos filhos).

A sociedade-providência é um fenómeno bem mais complexo. Tenho vindo a defender que, relativamente a outros países europeus, em Portugal o Estado-providência é fraco e a sociedade-providência é forte. Ao contrário do que faz crer o actual alarido sobre o excesso de despesas sociais e a necessidade de as reduzir, a verdade é que as transferências de pagamentos do Estado para as famílias é dos mais baixos da Europa e isso explica, por exemplo, que Portugal seja o país europeu em que os cidadãos mais contribuem para as despesas de saúde. Este défice de protecção estatal é coberto em parte pela protecção garantida pela sociedade-providência. Por outras palavras, em Portugal um Estado-providência fraco tem coexistido até agora com uma sociedade-providência forte. A curto prazo, o futuro do bem-estar dos portugueses vai depender da continuidade desta coexistência.

O que é a sociedade-providência? Entendo por sociedade-providência as redes de relações de interconhecimento, de reconhecimento mútuo e de entreajuda baseadas em laços de parentesco e de vizinhança, através das quais pequenos grupos sociais trocam bens e serviços numa base não mercantil e com uma lógica de reciprocidade semelhante à da relação de dom estudada por Marcel Mauss (1950). Estas relações variam quanto ao formalismo, extensão, alcance, duração e estabilidade.[40] Durante muito tempo, devido ao peso da pequena agricultura e ao facto de as famílias de trabalhadores residirem muitas vezes em meios rurais e em pequenos centros urbanos, as formas da sociedade providência foram dominadas por padrões de sociabilidade, hábitos de classe, mapas cognitivos e universos simbólicos que geralmente constituem atributos da vida rural. Como certamente muitos portugueses experienciam, estas redes não são exclusivas das zonas rurais, pois existem também nos meios urbanos. Aliás, envolvem muitas vezes laços complexos entre famílias e comunidades rurais, por um lado, e famílias e comunidades urbanas, por outro.

As mudanças ocorridas nos últimos trinta anos foram enormes mas o seu impacto na sociedade-providência é difícil de estabelecer. Por exemplo, em 1981, 71% dos desempregados declararam que a família era a sua principal fonte de rendimento e de subsistência, o que indiscutivelmente demonstra não só o défice de providência estatal (baixos subsídios de desemprego), como também a importância da providência societal, no caso, de âmbito familiar. Segundo o *European Social Survey* de 2008, do total de 110 inquiridos em Portugal que estavam desempregados e activamente à procura de emprego, 62% tinham nos salários dos outros membros do agregado ou noutros rendimentos familiares a sua fonte de subsistência, contra 22% que viviam do subsídio de desemprego, 10% de pensões e 5% de outras prestações sociais. Em 27 anos o cenário mantém-se praticamente igual. Outro exemplo de um domínio muito diferente. No início da década de 1990, nos dois hospitais centrais de Lisboa e de outras grandes cidades, vários milhares de pessoas visitavam amigos ou familiares aos fins-de-semana. Durante a semana, embora os valores fossem mais baixos, eram mesmo assim elevados e

[40] Ao lado da sociedade-providência informal existe a sociedade-providência formal constituída pelas instituições particulares de solidariedade social.

inéditos em qualquer parte da Europa. O isolamento social dos doentes hospitalizados é considerado na Europa um problema grave e o papel do serviço social profissional nos hospitais é um assunto controverso. Em Portugal, a sociedade-providência proporcionava aos hospitais um serviço social voluntário e informal e, acrescentaria eu, com uma qualidade muito superior. Outro comportamento muito pouco europeu é a participação dos pais na entrada ou primeira prestação do pagamento da casa dos jovens casais.

A sociedade-providência é uma forma de capital relacional. A sua realização e valorização social têm a maior importância estratégica para os grupos sociais e famílias cujos percursos de vida são mais directamente afectados pela crise em que nos encontramos. A força relativa da sociedade-providência vai determinar, por exemplo, o impacto do desemprego no sobreendividamento. Também aqui a especificidade do caso português no contexto europeu é significativa (em termos relativos, alto nível de sobreendividamento e baixo nível de insolvência) e ilude os números sobre a vulnerabilidade financeira indicados acima. De facto, os estudos realizados no Centro de Estudos Sociais revelam que a relação entre perda de emprego e surgimento de casos de sobreendividamento é mais complexa e menos linear do que se pode imaginar.[41] A capacidade de accionar mecanismos de auto-equilíbrio (redução dos consumos, mobilização de aforro) combinada com a presença da sociedade-providência pode permitir manter, pelo menos durante algum tempo, as finanças familiares relativamente controladas. Os custos para os participantes nas redes de solidariedade são por vezes enormes e aumentam em momentos de crise. Quem tem ajudado pode, de repente, ser quem precisa de ajuda. Os pais, que ajudaram os filhos num dado momento, podem ser quem, no momento seguinte, precisa da ajuda dos filhos. Se tanto uns como outros precisam de ajuda e

[41] Ver Observatório do Endividamento dos Consumidores (org.) (2008).

não é possível accionar outras redes de solidariedade, o colapso financeiro é inevitável e com ele toda a degradação social que o acompanha.

Tomar em consideração a sociedade-providência permite destruir dois mitos ou preconceitos sobre os comportamentos dos portugueses: o mito de que os portugueses vivem à sombra do Estado e o mito de que vivem acima das suas posses. Ambos são falsos à luz da dinâmica da sociedade-providência, tanto informal (as redes de entreajuda) como formal (as instituições particulares de solidariedade social, IPSS). Dados de há alguns anos, mas que não se devem ter alterado significativamente, indicavam que, no sector da protecção social, as verbas que o Estado transferia para as instituições de solidariedade (IPSS, Misericórdias e Mutualidades), através de acordos de cooperação (para o funcionamento dos equipamentos e respostas sociais por elas administrados) não cobriam as despesas efectivas. Segundo um estudo realizado há uns anos pela Direcção Geral da Assistência Social, a comparticipação do Estado variava entre 26,5 e 71,6% dos custos técnicos, obrigando as instituições e recorrer a outras formas de financiamento, incluindo as comparticipações dos utilizadores e as ajudas benévolas, para não reduzir a qualidade dos serviços oferecidos (Hespanha, 2000: 167).

O impacto da crise na sociedade-providência pode ser devastador. Para já é fácil ver que todos os cortes nas despesas sociais do Estado representam sobrecarga para a sociedade-providência e sobretudo para as mulheres, que são consabidamente as grandes artesãs da sociedade-providência, sem que muitas vezes a sociedade ou sequer os que beneficiam do cuidado o reconheçam. A crise do mercado de trabalho (com o aumento do desemprego, cortes salariais, eliminação de subsídios) tem um impacto directo nos modelos de subsistência familiar e de partilha de rendimentos (por exemplo, contribuições das pensões dos mais velhos para sustentar famílias) e na partilha de habitação (por exemplo, com o aumento dos divórcios assiste-se a um regresso à casa dos pais; por outro lado, os jovens permanecem em casa dos pais até cada vez mais tarde).[42] Os cortes nas reformas e pensões vão diminuir possibilidades de transferências intergeracionais e agravar a situação das gerações mais novas, dependentes em larga medida destas ajudas para manter o nível de vida. O adiamento da idade da reforma retira da sociedade-providência os serviços das gerações mais velhas com capacidade de prestar cuidados (os avós que tomam conta dos netos). Os cortes nos apoios sociais afectam sobretudo os mais empobrecidos pela crise, pois as suas redes ficam ainda mais desprovidas de recursos.

A sociedade-providência é uma almofada que pode amortecer a queda dos rendimentos; quanto mais frágil for, mais grave será a queda. Tal como acontece com o Estado-providência, também a sociedade-providência se fragiliza em períodos de crise. Quando não lhe for possível mitigar os impactos negativos produzidos pelas quebras bruscas de rendimento das famílias, causadas pelo desemprego ou por outras razões, o abismo do colapso financeiro e pessoal fica próximo e o que se lhe pode seguir é a tragédia. Esta será considerada pessoal pelos danos que causa (doença, suicídio, crime) mas a frequência com que ocorrerá fará dela uma tragédia colectiva e, portanto, política. Desgraçadamente, o sistema político só dará conta dela quando a energia que ela liberta se virar contra quem a causou. Só nesse momento se falará de perturbação social, muito depois de milhares e milhares de famílias terem visto as suas expectativas de vida arruinadas.

[42] Os empregadores sabem dessa realidade e usam-na como base da exploração das novas gerações. Aliás, em geral, só tem sido possível manter salários tão baixos sem convulsão social graças à almofada da sociedade-providência.

Capítulo 4

Sair da crise com dignidade e esperança

Sair da crise com dignidade e esperança significa resolver a crise de curto prazo de modo a que se abram caminhos de resolução para a crise de médio prazo (crise económica) e a crise de longo prazo (crise político-cultural). Num mundo tão desigualmente interdependente, muito do que será preciso fazer não dependerá exclusivamente de nós. Dependerá de nós na exacta medida em que soubermos identificar as novas oportunidades, exigências e parcerias e criar as alianças com todos os que lutam, tal como nós, pelo direito a viver com dignidade e esperança num mundo que parece estar a transformar esse direito de todos num privilégio de muito poucos. Começarei pelos cenários de curto prazo para depois indicar o que pode estar para além deles.

Portugal à vista

O institucional e o extra-institucional

Depois de um alto dirigente do FMI ter afirmado em 11 de Abril de 2011 que a austeridade a que estão condenados a Grécia, Irlanda e Portugal durarão muitos anos e ante a ameaça de que outros países europeus podem estar condenados ao mesmo destino,[43] só uma mobilização política significativa dos cidadãos (de preferência, em mais de um país europeu) pode evitar o desastre do regresso ao sub-desenvolvimento. Acções colectivas democráticas extra-institucionais podem vir a fazer uma pressão eficaz sobre as instituições nacionais e comunitárias. Tal como referi acima, a mobilização extra-institucional visa expandir o horizonte de soluções políticas à disposição das instituições.

O curto prazo é de desastre e os custos sociais das medidas de austeridade recessiva vão ser um teste muito exigente à solidez das nossas instituições democráticas. Se alguém vai passar por um *stress test* nos próximos tempos é a nossa democracia.[44] A suposta falta de imaginação europeia, ao não permitir que o resgate financeiro respeite minimamente a democracia portuguesa – resgate de emergência com compromissos algo flexíveis a serem negociados com alguma capacidade de manobra pelo governo recém-eleito –, é o segundo acto do sequestro da democracia portuguesa. O primeiro ocorreu com os ataques especulativos à dívida soberana do país liderados pelas agências de *rating* ante a passividade das autoridades europeias.

Este duplo sequestro desvaloriza a União Europeia e a democracia perante os portugueses, e os resultados são imprevisíveis. Ou seja, o modo como as soluções estão a ser ditadas aos portugueses pelas instituições europeias podem ter o efeito de submeter as instituições democráticas portuguesas a alguma turbulência e abrir o caminho para iniciativas democráticas extra-institucionais (acções de rua, protestos, petições). Não são de prever soluções radicais que proponham profundas mudanças no nosso sistema político ou económico, mas o espaço público da rua pode ser utilizado para exigir das instituições políticas

[43] A escalada dos juros exigidos para a aquisição de títulos das dívidas espanhola e italiana são uma acha mais na grande fogueira da instabilidade volátil da economia europeia e mundial instigada pelo comportamento das agências de *rating*.

[44] Vimos atrás que o mesmo teste de esforço vai ser aplicado à sociedade-providência.

comportamentos inovadores que salvaguardem melhor os interesses da grande maioria dos portugueses.[45]

A emergência da mobilização política extra-institucional constitui um desafio importante aos partidos e mesmo aos movimentos sociais. Quer uns quer outros conceberam-se como sociedade civil politicamente organizada (sociedade política) e converteram a sociedade civil não organizada (a esmagadora maioria dos cidadãos) numa massa amorfa e não politizada. Por essa razão, as discussões político-organizativas centraram-se durante décadas nas relações entre partidos e movimentos, deixando de lado qualquer preocupação com a sociedade civil não-política ou despolitizada. Passou despercebido que a suposta despolitização não é mais que a ausência de razões fortes que justifiquem a politização e a consequente mobilização.[46] Perante a emergência política dos não politizados, os partidos e os movimentos sociais são obrigados a rever toda a sabedoria convencional sobre cultura e organização políticas e questionar a inércia das distinções entre o político e o não político ou entre o organizado e o não-organizado. Torna-se imperioso re-imaginar o político (buscar a política onde ela não está na forma em que a conhecemos) e identificar os patamares de inconformismo que

[45] Um exemplo consistente é o Movimento "Democracia Real Já" nascido da indignação de um pequeno grupo de pessoas e que graças ao poder dos novos meios de comunicação como o Twitter e o Facebook se transformou rapidamente na face visível da revolta de milhares de pessoas. A onda de choque, que partiu do seu epicentro das Portas del Sol em Madrid, alastrou rapidamente a outras cidades de Espanha e tem avançado por outros países da Europa e do mundo. O manifesto dos "indignados", que se encontra traduzido em diversas línguas, define o movimento e os seus aderentes: "Somos pessoas normais, pessoas como você, trabalhador@s, estudantes, desempregad@s, aposentad@s, vivemos em Portugal ou em outros países e independente da nossa situação, estamos unidos por um pensamento comum, mudar o sentido que a nossa sociedade está tomando, lutar contra a degradação da nossa condição de vida. Não somos mercadorias nas mãos de políticos e banqueiros!".

[46] Nas eleições legislativas de 2011, a taxa de abstenção atingiu os 41,31% do universo de votantes recenseados numa gritante manifestação do distanciamento em relação à política institucional mesmo num momento crucial para o futuro do país.

desencadeiam o movimento do não-organizado para o organizado e os novos recursos disponíveis (redes sociais) para facilitar tal movimento[47].

Dadas as características da sociedade portuguesa analisadas anteriormente, é difícil prever o momento ou patamar de asfixia das justas aspirações de bem-estar a partir do qual as acções colectivas extra-institucionais emergirão. A emergência do extra-institucional, se bem articulada com o institucional, pode abrir espaço para a inovação ao nível da constituição dos governos e pode propiciar decisões responsáveis de desobediência financeira.

Uma maioria de esquerda?

Não penso que um governo de direita ou de centro direita crie condições para a nossa democracia passar com êxito o *stress test* que mencionei. Uma das razões foi dada pelo líder do PSD ao declarar perante a opinião pública mundial (vide *Wall Street Journal* de 30 de Março) que o seu partido inviabilizou as medidas de austeridade propostas pelo governo socialista (PEC IV)[48] por não irem suficientemente longe[49] e que tudo fará para Portugal

[47] Sobre a importância das redes sociais, ver Portugal e Martins (orgs.), 2011.

[48] O Programa de Estabilidade e Crescimento (PEC) é um documento entregue todos os anos (normalmente até 1 de Dezembro) por cada Estado-membro da União Europeia a Bruxelas. Dele consta a estratégia de consolidação orçamental de médio prazo dos países, com previsões sobre a evolução da economia, do défice e da dívida pública para pelo menos os três anos seguintes. A gravidade e volatilidade da situação económica portuguesa obrigaram a actualizações sucessivas deste documento.

[49] O programa eleitoral do PSD dir-nos-á até onde se deve ir: vasto programa de privatizações (A lista das empresas a privatizar abrange as mais diversas áreas: transportes (ANA – Aeroportos de Portugal, TAP e CP Carga), energia (Galp, EDP e REN), infraestruturas (Águas de Portugal), comunicações (CTT – Correios de Portugal e RTP) e sector financeiro (ramo segurador da Caixa Geral de Depósitos), incluindo serviços essenciais ou estratégicos; privatização parcial do serviço nacional de saúde e do sistema de pensões.

"não ser um fardo para os nossos amigos da União Europeia e do resto do mundo". Do mesmo modo, na sua primeira declaração pública após a vitória nas eleições de 5 de Junho, Pedro Passos Coelho teve o cuidado de reafirmar a garantia de que o seu Executivo tudo fará para honrar o compromisso assinado com a troika FMI – Fundo Monetário Internacional, CE – Comissão Europeia e UE – União Europeia). São declarações de rendição que desautorizam à partida uma política que defina os interesses nacionais com independência em relação ao que os "nossos amigos internacionais"[50] disserem ser tais interesses.

Estamos perante uma situação sem precedentes porque a integração na Eurozona priva o Estado de alguns dos mecanismos que podem ser eficazes a curto prazo (política monetária, cambial e orçamental). Neste contexto, os custos do curto prazo vão certamente prolongar-se pelo médio prazo e comprometer irremediavelmente as aspirações de progresso e justiça social de toda uma geração. Perante uma situação nova, há que tentar soluções novas. A República fundada pelo 25 de Abril de 1974 não tem primado pela estabilidade governativa. Em busca dela multiplicaram-se as coligações partidárias que, apesar de diferentes tipos e com composições diversas, tiveram em comum o facto de serem coligações de direita ou de centro-direita.[51] Não se experimentou até agora uma coligação de esquerda, envolvendo o PS, o PCP e o BE.

Face aos resultados dos partidos de esquerda com assento parlamentar nas eleições legislativas de 5 de Junho – PS (Partido Socialista), 28%; PCP (Partido Comunista Português), 7,9% e BE (Bloco de Esquerda), 5,1% a opção por uma coligação de partidos de esquerda deixou de ser possível, por agora. Nas

[50] Não fazendo ressalvas, suspeita-se que entre os "nossos amigos" inclua os especuladores financeiros.

[51] Durante alguns meses de 1978 houve uma coligação PS-CDS; entre 1980 e 1982, uma coligação PSD-CDS-PPM (a AD, Aliança Democrática); entre 1983 e 1985, uma coligação PS-PSD (bloco central).

actuais circunstâncias, uma tal coligação não poderia deixar de negociar pacotes de consolidação orçamental mas certamente condicionando-os ao crescimento da economia e incluindo na agenda das negociações a alternativa da reestruturação da dívida. Não bastaria, pois, um governo de esquerda; seria necessário um programa de esquerda que propusesse medidas que extravasassem da ortodoxia financeira da UE e do FMI. Esta opção não foi agora possível mas suspeito que virá a ser possível e mesmo necessária no futuro. Tudo depende do grau de gravidade dos conflitos sociais que vierem a ocorrer em resultado da aplicação das medidas de austeridade impostas pelas autoridades internacionais, algumas das quais são mais draconianas do que as que foram aplicadas pelo FMI na América Latina na década de 1980. Suspeito que, nos próximos anos, a linha divisória entre a esquerda e a direita em Portugal irá passar pela resposta a dar às exigências internacionais.

Prevendo a hipótese de, num futuro próximo, novas eleições darem a maioria ao conjunto dos partidos de esquerda, respondo antecipadamente às objecções que poderão ser levantadas à possibilidade de um governo de esquerda com um programa de esquerda.

A primeira objecção é que, se as autoridades da UE-FMI ainda estiverem a tutelar as finanças portuguesas farão toda a pressão para que, qualquer que seja o governo eleito, as políticas seguidas sejam as mesmas, ou seja, as que servem os interesses dos credores. Sendo assim, mesmo que se forme um governo de esquerda, ele não poderá executar um programa de esquerda.

Resposta: não é sensato ocultar que um tal programa será uma proposta exigente mas tão pouco é prudente afiançar que o novo governo será *business as usual* e que o actual quadro institucional não possa ser sujeito a grande turbulência causada por protestos sociais em Portugal e nos demais países supostamente resgatados, como está, de resto, já a acontecer. De tal turbulência podem surgir novas oportunidades de acção política e é bom estarmos preparados para elas. Um governo de esquerda com um programa de esquerda será sempre o resultado de uma resposta democrática à alta tensão política que se gerar.

A segunda objecção é que a esquerda social-democrática (PS)[52] e a esquerda à esquerda[53] (PCP e o BE) têm atrás de si um contencioso histórico que as impede de se entenderem. Mesmo se dispuserem de maiorias aritméticas, tudo farão para as desbaratar.

Resposta: a objecção tem toda a razão de ser mas pressupõe que ainda estamos no século XX ou, pelo menos, que as transformações por que passou o mundo no último quarto de século foram irrelevantes ou triviais, da queda do Muro de Berlim à globalização e suas contradições, do levantamento dos Zapatistas em Chiapas ao Fórum Social Mundial, da eclosão da ecologia como problema social à emergência de movimentos sociais em luta por um mundo melhor com repertórios de acção e justificação muito diferentes dos da esquerda eurocêntrica convencional: movimentos indígenas, camponeses, urbanos, feministas, afrodescendentes, ambientalistas, de direitos humanos, desempregados, imigrantes, homossexuais, minorias étnicas ou religiosas, jovens, etc.

A objecção tem razão de ser se as esquerdas nada tiverem aprendido com estas transformações e não é improvável que tal seja o caso. Mas há que imaginar a possibilidade oposta. A grande mudança dos últimos trinta anos pode resumir-se numa nova relação entre o capitalismo, o colonialismo, o patriarcado e a democracia. Uma mudança que interpela tanto a esquerda social-democrática como a esquerda à esquerda.

52 Neste domínio, os nomes há muito deixaram de coincidir com as coisas. O PS diz-se socialista quando não passa de uma versão bem diluída da social-democracia. Por sua vez, o PSD diz-se social-democrata quando, de facto, é de centro-direita.

53 Prefiro esta designação à mais convencional: esquerda radical. No contexto europeu actual esta última designação carrega uma conotação negativa.

A mudança tem duas dimensões principais. A primeira põe frente-a-frente o capitalismo e a democracia. Durante o século XX, a esquerda social-democrática deixou de se interessar pela hipótese da crise do capitalismo e centrou-se no esforço de, por via democrática, tentar civilizá-lo, promovendo o reconhecimento dos direitos económicos e sociais dos trabalhadores e garantindo alguns padrões mínimos de redistribuição da riqueza. Pelo contrário, a esquerda à esquerda viu a democracia como uma arma burguesa e atribuiu-lhe, por isso, um valor meramente instrumental (de eficácia muito relativa e, por vezes, contraproducente). Centrou-se outrossim na crise do capitalismo, que imaginou ser final (sempre sem êxito e sempre imaginada de novo), dividindo-se internamente quanto à identificação das causas da crise e ao tipo de organização dos sujeitos históricos encarregados de a superar, ainda que não necessariamente por vias insurreccionais.[54]

O que é novo hoje é o facto de as classes populares se terem apropriado do ideal democrático, entrando no jogo democrático, apesar das condições adversas e das muitas frustrações, dando ao conceito e prática da democracia entendimentos novos e mais ricos (democracia participativa), expandindo-os para campos sociais antes vedados ao jogo democrático (família, escola,

[54] A consolidação da social-democracia criou um dilema para a esquerda à esquerda a partir do momento em que abandonou a estratégia insurreccional: quanto mais inequívoca quis ser enquanto adversária do capitalismo mais inofensiva se tornou. É esse o drama do PCP e o BE até agora tem-lhe seguido as pisadas. Os eleitores que buscam alternativas de poder tendem a desertar quando ligam a ineficácia do discurso adversarial à inutilidade do seu voto. É certo que uma parte do eleitorado de esquerda não acredita sequer que haja alternativas eleitorais na constância do capitalismo. Por isso, quando vota fá-lo como acto de protesto. Em Portugal o voto de protesto tem sido absorvido pelo PCP, o que ajuda a explicar que até agora, pelo menos, não tenham surgido partidos de extrema-direita. Mas é evidente que não há lugar no espectro político português para mais de um partido que canalize o voto de protesto. Talvez isto ajude a explicar os fracos resultados obtidos pelo Bloco de Esquerda nas eleições de 5 de Junho de 2011. Perdeu quase metade do seu eleitorado e passou de 16 deputados para 8.

comunidade, relações entre sexos e entre grupos étnicos, etc.) e conquistando através das lutas democráticas alguns direitos importantes. O ataque sistemático que o capitalismo global tem vindo a fazer a estas conquistas – um ataque que se torna mais virulento à medida que o capitalismo financeiro prevalece sobre o capital produtivo e o Estado – é vivido pelas classes populares como uma crise da democracia. A centralidade desta crise, sendo vivencial, é também estrutural; revela que o capitalismo só é compatível com formas muito pobres de democracia (democracia de baixa intensidade, semi-democracia, democracia política combinada com fascismo social). Assim sendo, deixa de fazer sentido discutir a crise do capitalismo fora do marco da crise da democracia (o que é novo para esquerda à esquerda) tal como deixa de fazer sentido não questionar o capitalismo como um obstáculo à democratização da sociedade (o que é novo para a social-democracia). A luta pelo aprofundamento da democracia é necessariamente uma luta anti-capitalista.

A segunda dimensão das transformações dos últimos trinta anos diz respeito à emergência política de duas formas de dominação antes ocultadas ou minimizadas: o colonialismo e o patriarcado e as desigualdades que geram através da discriminação racial e da discriminação sexual, respectivamente. Colonialismo é todo o sistema de poder desigual que assenta na desigualdade cultural ou racial (racismo, xenofobia, islamofobia, repressão política e policial da diferença cultural). O colonialismo assumiu ao longo da história muitas formas. Nos tempos modernos, o colonialismo político – que envolveu a ocupação territorial por forças estrangeiras – foi a forma mais conhecida, ao ponto, de durante muito tempo, se ter pensado que o colonialismo terminara com o fim dos impérios coloniais e a independência das colónias. De facto, o colonialismo continuou sob outras formas e a mais virulenta é hoje certamente o racismo e particularmente o racismo praticado por indivíduos e instituições que se declaram anti-racistas. Por sua vez, o patriarcado é todo o sistema de poder desigual que assenta na desigualdade sexual e atravessa todos os domínios da vida colectiva e interindividual. O impacto da emergência de movimentos sociais centrados na luta contra o colonialismo e o patriarcado foi enorme. Por um lado, estes movimentos sociais mostraram que o capitalismo tem um interesse específico em desvalorizar uma boa parte da força de trabalho ao considerá-la sexualmente ou racialmente inferior. Por outro lado, mostraram que a democracia reproduzia a mesma desvalorização tanto no sistema político como no sistema jurídico. As esquerdas eurocêntricas não estavam preparadas para integrar as novas lutas na crítica do capitalismo ou no envolvimento crítico com a democracia. A aprendizagem tem sido lenta, e mais lenta na social-democracia do que nas esquerdas à esquerda. Mas começa ser consensual que a luta pelo aprofundamento da democracia é necessariamente uma luta anti-colonialista e anti-sexista.

Aqui residem as condições objectivas para um entendimento entre as esquerdas. Para que este ocorra, são igualmente necessárias condições subjectivas: a existência de lideranças que captem as contradições do momento e as transformem em propostas convincentes para as suas bases.

A desobediência financeira

As medidas de austeridade que foram negociadas/impostas não devem ser tomadas como destinos inelutáveis. São pensáveis duas iniciativas que podem ser tomadas para minorar as consequências adversas e injustas que vão desabar sobre os portugueses.

Renegociação da dívida. A primeira é exigir a renegociação das condições da dívida (juros, prazos de pagamento, etc.) tal como já está a acontecer na Grécia e na Irlanda. Esta iniciativa não põe em causa a dívida, apenas contesta as condições do seu serviço. Qualquer governo saído das eleições tem legitimidade democrática para fazer tal exigência, e ela só não será tida em conta se Portugal entretanto se tiver convertido numa colónia informal da UE.

Reestruturação da dívida. Esta iniciativa é bem mais complexa e implica exigir uma redução do montante da dívida como condição para honrar os encargos assumidos. Trata-se de reestruturar a dívida. É sabido – e os credores sabem-no melhor que ninguém – que Portugal não poderá pagar a dívida externa. Mas, mesmo que pudesse, não o deveria fazer na medida em que parte dessa dívida ocorreu por via de especulação financeira e de risco por contágio, ou seja, por razões que nada têm a ver com a situação real das finanças ou da economia portuguesas ou com os factores que levaram ao endividamento real. Há pois que identificar o valor real da dívida externa no conjunto do valor nominal desta, e só o valor real deve ser pago. Por outras palavras, Portugal poderá ter de negociar a prazo uma reestruturação da dívida e, para que esta renegociação não ocorra nos termos impostos pelos credores, é preferível que a iniciativa caiba a Portugal e não aos credores. Uma reestruturação nesses termos exige uma auditoria à dívida transparente e democraticamente participada, e ao mesmo tempo internacionalmente credível que permita definir o seu valor real, o valor que os portugueses devem assumir como obrigação sua.

A reestruturação da dívida é algo mais comum do que se pode imaginar. Apresento a seguir três casos recentes, a Argentina,[55] o Equador[56] e a Islândia, e um mais antigo que pode ser surpresa para muitos, a Alemanha.

Uma história Argentina

No início da década de 1990, a Argentina adoptou a paridade cambial do peso argentino com o dólar americano (Plano de Conversibilidade) e lançou um programa radical de privatização das empresas públicas, de desregulação do mercado de trabalho e de abertura incondi-

[55] Ver Teobal, 2007.

[56] Para uma análise cuidada e exaustiva ver Acosta, 2008 e Acosta e Ugarteche, 2007.

cional ao capital externo. O crescimento da economia nos anos seguintes não pôde disfarçar durante muito tempo as fragilidades do modelo. Os níveis de investimento não cresceram proporcionalmente ao boom de entrada de poupança externa. Este quadro foi agravado pela deterioração da posição comercial externa e desestruturação do sector produtivo. O crescimento do défice em conta corrente, que ultrapassava a casa dos 4% do PIB, traduzia a expansão nos gastos com bens e serviços do resto do mundo numa proporção superior à capacidade do país para adquirir divisas através das exportações. A entrada líquida de capitais pela via financeira permitiu a sustentabilidade desse modelo, implicando um endividamento crescente. Entre 1992 e 1998, a economia cresceu ao ritmo de 6% ao ano, acumulando um défice em transacções correntes de mais de 60 mil milhões de dólares, financiados por uma entrada líquida de capitais de cerca de 100 mil milhões de dólares. O FMI e o Banco Mundial incentivaram abertamente o Plano de Conversibilidade e as medidas de política económica da Argentina, apresentando-a aos demais países periféricos como um exemplo a ser seguido.

Em 2001, a situação atingiu o ponto de ruptura. A 30 de Novembro registou-se uma fuga do sistema bancário de cerca de mil milhões de dólares. O risco do país subiu para 3573 pontos. Os rumores do congelamento de depósitos privados provocaram uma afluência massiva aos bancos que acabaria por levar ao "corralito", com a restrição de levantamentos de dinheiro a 250 pesos/dólares por semana, por cada conta bancária. No dia 5 de Dezembro de 2001, o FMI colocou o país em default *ao anunciar que não daria nem mais um dólar à Argentina sem que fosse definido um novo programa económico sustentável.*

A fim de alcançar o "déficit zero", exigido pelos negociadores, o projecto de orçamento previa duros ajustes salariais. Uma das propostas foi a eliminação do 13º mês do salário dos funcionários públicos e reformados ou uma descida de entre 13 e 21% no valor dos vencimentos. As medidas governamentais desencadearam a contestação social com adesão massiva da classe média que saiu à rua batendo em panelas. Concentrados em vários pontos das principais cidades do país, soou a uma só voz o grito que se tornou simbólico "Que se vayan todos!" "Que no quede ni uno solo!".

"Todos": os políticos. A violência dos protestos resultou na renúncia do presidente Fernando de la Rúa, em 33 mortos e num número indeterminado de feridos. Este movimento exprimiu o questionamento das instituições tradicionais da democracia representativa e das relações de poder que sustentavam este modelo de organização política, proporcionando o desenvolvimento de novos movimentos sociais, como as assembleias de bairro e os Movimentos dos Trabalhadores Desempregados ou "Piqueteros"[57] *e das Fábricas e Empresas Recuperadas pelos seus Trabalhadores.*[58]

A 24 de Dezembro de 2001, o presidente Adolfo Rodríguez Saá (23 Dezembro 2001 a 2 Janeiro de 2002) declarou a suspensão de todos os pagamentos de todos os instrumentos de débito. Em Janeiro de 2002, cerca de um mês depois do congelamento dos depósitos imposto pelo "corralito", o governo argentino decretou o fim da conversibilidade, que se traduziu na pesificação da economia, anunciando que a taxa de conversão seria de 1,40 pesos por cada dólar.[59] *A crise política que devorou o país consumiu quatro presidentes em pouco mais de uma semana, deixando profundas sequelas na vida pública entre as quais se destaca uma radical desligitimação da classe política tradicional.*

Em 25 de Maio de 2003, Néstor Kirchner – do Partido Justicialista (peronista) – assume a presidência da República. Defendia a tese de co-responsabilidade dos investidores privados, do próprio FMI e das demais organizações financeiras internacionais na formação da dívida.

[57] Quando em 2001, ocorreu a explosão da crise económico social, o desemprego atingia 18,3% da população activa. No ano seguinte, 22% da força de trabalho da Argentina estava desempregada, a que se somavam 19,3% em condições de sub-emprego.

[58] Estes novos movimentos representam uma resposta dos trabalhadores que enfrentaram o encerramento das fábricas em que trabalhavam, processos de falência ou simplesmente o abandono das fábricas pelos proprietários. A crise nas fábricas iniciava-se com a quebra dos contratos de trabalho expressa na diminuição ou não pagamento de salários. Por todo o país, estes trabalhadores organizados de forma relativamente autónoma, ocuparam as empresas assumindo a sua gestão com predominância do regime de cooperativas.

[59] A desvalorização fez com que a dívida acumulada de 147 mil milhões de dólares se tornasse impagável, uma vez que representava 112% do PIB total.

Devido ao forte apoio dado aos governos argentinos durante a fase final da conversibilidade, o FMI sujeitou os seus créditos ao "risco Argentina". Em 20 de Setembro de 2003, foi assinado um acordo stand-by *de três anos entre o FMI e a Argentina no valor de 12,55 mil milhões de dólares, que se destinava a manter a exposição do Fundo com a Argentina inalterada durante os três anos seguintes. Em Julho de 2004, a equipa do FMI encarregada de monitorizar a Argentina comprovou que o país havia cumprido com todos os critérios estruturais, com excepção de atrasos com credores bilaterais e multilaterais, razão pela qual o governo argentino pediu uma moratória à Directoria Executiva do FMI. Confrontado com uma recusa, o governo argentino decidiu suspender o acordo com o FMI em Agosto de 2004, efectuando pontualmente os pagamentos às instituições financeiras internacionais.*

Em Janeiro de 2005, o governo argentino apresentou um programa de troca de uma parte da dívida com os credores privados argentinos e estrangeiros emitindo novos títulos para substituir os que estavam em dívida. A 3 de Março de 2005, o Ministro da Economia, Lavagna anunciou que 76,07 % dos credores privados, do total de 152 títulos da dívida argentina em moratória, concordaram com a proposta de quitação apresentada pelo governo, apesar de isto representar uma perda de cerca de 73% face ao valor original. Entretanto, a Argentina obteve um financiamento de três mil milhões de dólares da Venezuela e lançou o país num processo de crescimento anual de 8% até 2008. Aquando da morte de Kircher, em 2010, o FMI, esquecido da desobediência passada, elogiou-o pela coragem com que assumira os interesses do país e relançara a economia (FMI, 2010).

Uma história equatoriana

Desde a formação da república, a dívida externa constituiu-se como pano de fundo para a vida económica, social e política do Equador. Sete meses depois da sua eleição, o presidente Rafael Correa decidiu executar uma análise da dívida do país e das condições em que essa dívida havia sido contraída. Para este fim, uma comissão de auditoria da dívida composta por 18 peritos foi posta em marcha a partir de Julho de 2007.

O primeiro passo da auditoria consistiu numa avaliação da legitimidade e legalidade da dívida. O pressuposto fundamental da auditoria foi que as dívidas devem ser sujeitas a um tratamento diferenciado segundo as circunstâncias em que foram contraídas. Assim, devem ser anuladas as que caem na categoria de dívidas de ódio (contraídas por uma ditadura para financiar a repressão do povo, como as dívidas do Apartheid, por exemplo); outras, pelas suas condições, podem ser consideradas como usurárias (com taxas de juro desproporcionadas, que de antemão tornam impossível o serviço da dívida) ou corruptas (contratadas em condições que não se ajustam às normas legais do país credor ou devedor, ou a normas internacionais). Neste último caso, as cláusulas ilícitas podem incluir vícios de consentimento, anatocismo,[60] *taxas de juro usurárias, gastos e comissões desproporcionados (cobertas pelos devedores, sem controlo algum), operações simuladas, dívidas "estatizadas" ou "socializadas", etc.*

Muitas destas situações estavam presentes em muitos dos contratos da dívida externa equatoriana, e foi possível comprová-lo documentalmente. Depois de 14 meses de trabalho, foi elaborado o relatório da Comissão de Auditoria Integral do Crédito Público (externo e interno) num esforço que se concretizou graças à pressão exercida pela sociedade. O relatório[61] *demonstrou que muitos empréstimos tinham sido concedidos violando as regras internacionais. Em Novembro de 2008, o governo equatoriano suspendeu, com base neste relatório, o reembolso de títulos da dívida que venceriam em 2012 e em 2030, e saiu vitorioso do impasse com os banqueiros norte-americanos, possuidores de títulos da dívida equatoriana. O governo comprou por mil milhões de dólares títulos que valiam 3.200 milhões, economizando ao tesouro público equatoriano cerca de 2.200 milhões de dólares do stock da dívida, somados aos 300 milhões de dólares de juros por ano, referentes ao período entre 2008 e 2030. Com isto, o governo conseguiu recursos financeiros acrescidos que lhe*

[60] Termo jurídico utilizado para designar a capitalização de juros, isto é, a cobrança de juros sobre juros.

[61] Disponível em http://www.auditoriadeuda.org.ec/index.php?option=com_content&view=article&id=89&Itemid=55. Acedido em 27 de Abril de 2011.

permitiram aumentar os gastos sociais na saúde, educação, protecção social e no desenvolvimento de infra-estruturas.

Uma história islandesa

O terceiro caso é mais recente e mais próximo de nós. É o caso da Islândia, onde está a ocorrer uma revolução até há pouco silenciada pelos media europeus. Em 2009 faliram os principais bancos privados islandeses, todos altamente envolvidos na especulação financeira. Como o Estado não assumiu a dívida, os países dos principais credores, Inglaterra e Holanda, pagaram um montante de 3.900 milhões de euros aos credores e pediram reembolso à Islândia. O parlamento, dominado por sociais -democratas, acedeu pagar, mas o presidente vetou a lei. Entretanto, os cidadãos, inconformados com o sequestro da democracia e a pilhagem do país por parte do capital financeiro, tomaram a iniciativa de organizar um referendo. 93% dos cidadãos votaram contra o pagamento da dívida, ou seja, contra a transformação da dívida de bancos privados em dívida soberana (o que aconteceu entre nós com o escandaloso resgate do BPN). Exigiram também a convocação de uma Assembleia Constituinte para dar ao país uma nova Constituição provida de instrumentos que defendam os cidadãos do aventureirismo e da pilhagem financeira nacional e internacional O parlamento procurou retomar a iniciativa política, adoçando as condições de pagamento (os juros baixaram de 5.5% para 3% e o prazo de pagamento passou de 8 para 30 anos) mas os cidadãos resolveram voltar a organizar novo referendo. Para forçar os islandeses a desistir da recusa em pagar a dívida dos bancos privados, as agências de rating *usaram contra eles as mesmas técnicas de terror que têm usado contra os portugueses. Em 9 de Abril de 2011 os islandeses voltaram a recusar o pagamento por uma maioria de 60%. Graças à vontade organizada dos islandeses*[62] *e*

[62] Plasmada no julgamento inédito do ex-primeiro ministro islandês, Geir Haarde, que responderá perante o Landsdomur, um tribunal especial criado em 1905 para julgar políticos com imunidade parlamentar, pelas suas responsabilidades na crise de 2008.

a uma sábia articulação entre vias institucionais e vias extra-institucionais, a lógica de ferro do capital financeiro – a sua capacidade de impor soluções e as transformar em consensuais por serem supostamente únicas – foi abalada. Segue-se agora o longo caminho dos tribunais e das arbitragens internacionais, e, enquanto o pau vai e vem folgam as costas dos islandeses.

Vejamos agora uma história mais antiga.

Uma história alemã

Depois de perder duas guerras e ser sujeita a tratados que, entre outras coisas, transformavam a derrota em dívidas, a então Alemanha Ocidental estava em 1953 na bancarrota. Reunidos em Londres, os credores aceitaram perdoar parte da dívida reduzindo o seu stock em 62%. Acordaram também que os juros a pagar aos credores seriam definidos em função da capacidade da economia alemã para os suportar sem comprometer o seu crescimento. Assim, foi definido um rácio entre o serviço da dívida e o valor anual das exportações nos termos do qual o serviço da dívida não podia exceder 5% daquele valor. Aliás, a definição anual dos juros foi confiada a um banqueiro alemão muito respeitado. Tratou-se, como é evidente, de uma solução política em que não se ouviu falar das "reacções dos mercados". A justificar esta solução estava o interesse dos países capitalistas ocidentais em mostrar, no contexto da Guerra Fria, a capacidade de o capitalismo garantir à Alemanha Ocidental um êxito igual ou superior ao que se temia ser o do bloco soviético na Alemanha Oriental, socialista.

Dir-se-á que são países muito diferentes ou contextos muito diferentes do português, mas isso não é mais do que reconhecer que os processos de reestruturação da dívida variam muito e devem ser calibrados de acordo com as condições e o contexto de cada país ou o momento histórico. Por exemplo, no caso português tudo recomenda que exigência de reestruturar a dívida seja feita em conjunto com a Grécia e a Irlanda. No que diz respeito à Grécia, em Março de 2011, mais de cem personalidades deram a conhecer um abaixo-assinado exigindo uma auditoria à dívida pública grega. Segundo eles, o público deve ser informado sobre a dívida pública e a dívida privada que beneficia de garantias públicas, e a comissão da auditoria deverá identificar as partes da dívida que são ilegais, ilegítimas ou odiosas. Bastaria pensar nos contratos de dívida mediados pela Goldman Sachs ou nos contratos destinados a financiar a compra de armas de guerra (os submarinos, no nosso caso) para constatar a necessidade de uma auditoria independente.[63]

A reestruturação da dívida visa reduzir dívidas consabidamente impagáveis, dívidas punitivas impostas em resultado de guerras ou dívidas consideradas ilegais ou ilegítimas à luz de critérios internacionalmente reconhecidos. Um deles é proibição de juros usurários, sobretudo se politicamente motivados para atingir uma população. Não restam dúvidas de que os montantes dos juros da dívida soberana de Portugal a partir do momento da queda do actual Governo foram usurários. Possivelmente foram também manipulados para forçar uma solução política em Portugal e na Europa. A chantagem sobre países em dificuldades para provocar a asfixia financeira, de que podem resultar danos irreparáveis a populações inteiras, é pouco menos que um crime contra a humanidade. Basta ter em mente que o FMI, na sua reunião da primavera deste ano, voltou a reiterar que as taxas de juro acima de 7% são insustentáveis (ou seja, não podem ser pagas), num momento em que as taxas de juro da dívida soberana do nosso país atingiam os 10%. Vejamos a sucessão frenética da despromoção a dívida soberana sem qualquer ligação à situação da economia real.

[63] Ver http://www.cadtm.org/CALL-FOR-AN-AUDIT-COMMISSION-ON. Acedido em 12 de Agosto de 2011.

QUADRO 3
Evolução dos *ratings* da dívida soberana entre a queda do governo e o pedido de "resgate"

24 de Março	Fitch	A+ para A-
25 de Março	S&P	A– para BBB
29 de Março	S&P	BBB para BBB–
1 de Abril	Fitch	A– para BBB–
5 de Abril	Moody's	A3 para Baa1

Entre 24 de Março (o dia seguinte da rejeição do PEC IV no parlamento) e 5 de Abril (a véspera do pedido de resgate pelo governo português) todas as agências de notação baixaram abruptamente o *rating* da república portuguesa para níveis próximos de "lixo". De 23 de Março a 6 de Abril os juros da dívida portuguesa a 2, 5 e 10 anos aumentaram 2,3, 1,5 e 0.9 pontos percentuais. Nas semanas seguintes continuaram a aumentar a um ritmo semelhante.

A reestruturação da dívida não é uma solução milagrosa, sem custos. Poderá envolver a suspensão do serviço da dívida, ou seja, a suspensão temporária do pagamento dos juros, que neste momento representam cerca de 4 % do PIB, e das amortizações. A consequência poderá ser o bloqueio temporário dos mercados financeiros e o recurso a empréstimos bilaterais de países que acreditem na nossa capacidade de recuperação económica. No entanto, a suspensão do serviço da dívida permitiria libertar recursos que assegurassem o funcionamento do Estado ao longo do período das negociações.

Entre as muitas objecções a este acto de desobediência financeira podem identificar-se as seguintes. Primeiro, tal acto transforma Portugal num Estado pária e implica a sua expulsão pelo menos da Eurozona, senão da UE.

Resposta: a reestruturação da dívida é um acto ambíguo porque de algum modo pode interessar também aos credores (mais vale receber alguma coisa do que ver o devedor falido). Aliás, o Conselho Europeu (portanto, Angela Merkel), na sua reunião de 24 de Março passado, assumiu a possibilidade de reestruturação das dívidas soberanas[64] a partir de 2013; a opção pela reestruturação a prazo, contra a reestruturação agora, foi tomada em função dos interesses dos credores europeus (bancos alemães, franceses, espanhóis), ou seja, para dar tempo a uma limpeza do "lixo" nos balanços dos bancos detentores de dívida periférica através das intervenções do BCE no mercado secundário.[65]

O importante é, pois, que a iniciativa da reestruturação da dívida seja dos devedores para acautelar melhor os seus interesses ante os interesses dos grandes credores. Só assim a reestruturação da dívida poderá discriminar a favor dos pequenos credores e suas poupanças (certificados de aforro) que em caso algum podem ser tocadas. Por outro lado, estou certo de que Portugal não estará só na iniciativa de desobediência pois já se fala na reestruturação da dívida da Grécia e da Irlanda. Acresce que, como se viu no caso da Argentina, o Estado pária de 2004 rapidamente se transformou aos olhos do FMI num Estado responsável e zeloso dos justos interesses nacionais.

A segunda objecção é que a desobediência conduzirá a sanções ainda mais penosas para o país.

Resposta: as sanções não são fáceis de definir e muito menos de impor, sobretudo se a desobediência for de mais de um país.

[64] Num artigo de opinião publicado a 9 de Agosto de 2011 no "Financial Times", Kenneth Rogoff, antigo economista-chefe do FMI, alinha-se com o que tem defendido Nouriel Roubini, considerando que são precisas soluções "fora da caixa" *(out of the box)* e que a reestruturação da dívida tem de ser encarada de frente.

[65] Eis a análise do economista-chefe do Banco Natixis, Patrick Artus (2011): "No princípio do próximo decénio, a quase totalidade da dívida contraída junto de investidores privados terá sido reembolsada e a quase totalidade da dívida pública dos países em dificuldade estará nas mãos de credores públicos (Fundo Europeu de Estabilidade Financeira e seu sucessor, UE, FMI)".

O caso de desobediência que a Islândia acaba de protagonizar será um bom teste e deve ser acompanhado de perto, apesar de as condições serem muito distintas pelo facto de a Islândia não ser ainda membro da UE.[66] Acresce que podem ser accionadas formas de solidariedade internacional (nomeadamente no espaço de língua portuguesa) que podem vir a neutralizar quaisquer eventuais (e improváveis) sanções.

A terceira objecção é que a desobediência deve ser anterior e não posterior à adopção de medidas de austeridade.

Resposta: neste momento, a negociação impôs-se como um facto. Aliás, a fragilidade política do governo faz crer que, mais que negociação, houve imposição. Ocorre que o impacto social das medidas de austeridade ainda não entrou em toda a sua extensão no bolso e na vida dos cidadãos, pelo que é duvidoso que haja apoio político para um acto que necessariamente dramatiza a vida social e política e que momentaneamente demoniza o país ante actores internacionais com grande poder financeiro e mediático. Como a política tem razões que a razão desconhece, estamos perante algo como uma situação de sequência inversa para atingir resultados lineares. A negociação permanente que se vai seguir nos próximos meses e mesmo anos deve ser feita mantendo em aberto a possibilidade da desobediência no horizonte; as medidas de austeridade e as "reformas estruturais" impostas pela troika UE-BCE-FMI, pela sua natureza, não poderão deixar de agravar o desemprego e os custos que incidem sobre os rendimentos do trabalho, reduzir as prestações sociais e a quantidade e qualidade dos serviços públicos. Tais medidas causarão muito descontentamento social e este pode eventualmente traduzir-se em acções colectivas democráticas mas extra-institucionais. Se tal vier a acontecer, só um governo de esquerda com um pro-

66 Curiosamente, a Islândia, que foi ostracizada pela sua desobediência financeira, voltou recentemente aos mercados e obteve juros mais baixos que a Grécia ou Portugal.

grama de esquerda poderá oferecer respostas não repressivas aos cidadãos revoltados; entre essas respostas, estarão a auditoria e a reestruturação da dívida.

Para além da Europa

Portugal é um europeu errante. Um ciclo colonial multisecular e multicontinental pôs-nos em contacto com uma multiplicidade de povos e de culturas cujos destinos influenciámos e nos influenciaram. Influências desigualmente recíprocas que continuaram depois de o ciclo colonial ter chegado ao fim e permanecem até hoje. Como é próprio do colonialismo, os contactos foram sempre desiguais e muitas vezes violentos mas deram origem a experiências comuns, culturas híbridas, identidades mestiças, que adquiriram conteúdos complexos que não podem ser reduzidos à desigualdade e à violência que as originou. O carácter semiperiférico da sociedade portuguesa, combinado com o modo como se precipitou o fim do ciclo colonial, com a revolução do 25 de Abril de 1974, tornou possíveis relações não neocoloniais entre Portugal e os novos países, tal como acontecera 150 anos antes com o fim do ciclo colonial do Brasil, também ele no bojo de uma revolução na metrópole, a Revolução Liberal de 1820. Este potencial de relacionamento económico, político e cultural mutuamente vantajoso para os parceiros envolvidos foi desperdiçado durante uma década em que Portugal se deixou inebriar pelo momento europeu de aceitação, vivido imprudentemente como o "regresso à Europa".

Esse regresso fazia todo o sentido no plano político pois Portugal afastara-se da Europa no momento em que, no pós-guerra, permanecera sob uma ditadura quando o resto da Europa voltava à democracia e decidira manter as suas colónias quando o resto da Europa descolonizava (com os problemas, violências e limites que conhecemos). A intensidade deste regresso, potenciada com o objectivo de esconjurar o "perigo comunista", deu azo à criação de um sentimento de "vergonha colonial" que acabou por justificar uma total indiferença, se não mesmo hostilidade, ante a necessidade de garantir relações privilegiadas com as ex-colónias, ao contrário do que tinham feito a França e a Inglaterra. Se antes se tinha voltado as costas à Europa, agora voltava-se as costas ao espaço extra-europeu de língua oficial portuguesa. Aqueles que defenderam (entre os quais me incluo) que, depois de terminado, o colonialismo era um recurso histórico que permitia espaços de convergência e vantagens de inserção internacional que não deviam ser desperdiçados foram apodados de terceiro-mundistas e anti-europeus.

Sem querer negociar relações privilegiadas com as ex-colónias – na altura dizia-se que tais relações ou tinham terminado ou não tinham qualquer interesse ou eram mesmo perniciosas por representarem um resíduo do passado – a integração na então Comunidade Económica Europeia foi mais fácil mas, mais uma vez, fomos vítimas das soluções fáceis. Neste caso, a facilidade foi particularmente irónica pois, se foi o colonialismo quem nos habituou a ela, foi agora o anti-colonialismo que nos levou a perseverar nela.

Vinte e cinco anos mais tarde e confrontado com a perversidade da facilidade com que se integrou na UE, o país, para sair com dignidade e esperança da crise em que se encontra, deve reinventar o espaço geopolítico da CPLP. Em colaboração fraterna como os países que a integram deve desenhar políticas de entendimento político-económico que possam ser vantajosas para todos e contribuam para o fortalecimento da posição de Portugal no contexto europeu. O artigo de opinião publicado no jornal *Público* de 18 de Abril de 2011 por José Ramos Horta, Presidente da República de Timor-Leste e Prémio Nobel da Paz de 1996,[67] é amargamente elucidativo do potencial que até agora se desperdiçou e vibrantemente motivador do que ainda pode

[67] Disponível em http://www.presidencia.tl/mag/mag3/pdf/pg30.pdf.

ser feito se pusermos fim a esse desperdício. Não se imagina um Presidente de um país colonizado pela França ou pela Inglaterra declarar com veemência a sua solidariedade para com a potência ex-colonizadora e manifestar-se com indignação contra as causas sistémicas da crise financeira que só passam despercebidas aos comentadores treinados para alvos caseiros e fáceis.

No âmbito da cooperação fraterna e a mero título de exemplo, é urgente facilitar a circulação de técnicos e cientistas altamente qualificados no espaço da CPLP, fazer transferências de tecnologias mutuamente vantajosas, desenhar uma política industrial e de serviços que atraia investidores deste espaço, nomeadamente do Brasil e de Angola, e usar como recurso estratégico nessa integração a requalificação da nossa especialização industrial, em função do extraordinário avanço do país nos últimos anos nos domínios da formação avançada e da investigação científica (hoje, 1,7% do PIB e previsivelmente 3% em 2020).[68]

Pensar a pós-crise e a pós-rotina-do-passado

Enquanto as urgências do curto prazo nos soarem aos ouvidos como sirenes, não vai ser possível reflectir sobre as exigências de médio e longo prazo que são feitas ao país para deixar de viver de tropeço em tropeço, de abismo em abismo. Apesar disso, devem desde já lançar-se algumas pistas e esperar que elas sejam consideradas quando houver disponibilidade. Se o curto prazo nos obriga a situar Portugal no contexto europeu e mundial, bem simbolizado na estrutura trinitária da intervenção externa por que estamos a passar, o médio e o longo prazo não

[68] Na última década, Portugal foi o país da UE que registou o maior aumento de formação de doutorados e de recursos dedicados à investigação e desenvolvimento. Em 2008, atingiu o número de 7,2 investigadores por mil activos. A média da UE é 6 por mil; a média da OCDE é 8 por mil. Em 1990, Portugal submeteu 8 patentes ao *European Patent Office*; em 2009, submeteu 165.

podem sequer ser pensados sem ter em conta os caminhos e os descaminhos do vasto mundo que partilhamos. Muito do que há a pensar e a fazer tem de ser pensado e feito a nível europeu e a nível mundial. É um exercício particularmente difícil no caso de Portugal porque, dada a gravidade da crise de curto prazo, é legítimo imaginar que, uma vez resolvida a crise, tudo voltará ao "normal", às rotinas que há tanto tempo nos dispensam de desafiar o futuro um pouco menos às escuras. Mas por ser difícil não se torna, por isso, menos urgente, pelo contrário. Eis algumas das pistas, sem qualquer ordem de prioridade, pois que se trata de uma teia de pistas onde se vão cruzando caminhos, definindo convergências e potenciando sinergias.

Democratizar a democracia

Tal como nos últimos trinta anos a exploração desenfreada dos recursos naturais nos fez perder biodiversidade, também a monocultura do neoliberalismo e da democracia eleitoral nos fez perder demodiversidade. A multiplicidade de tipos de democracia reconhecidos pela ciência política dos anos de 1960 foi-se a pouco e pouco reduzindo até ficar limitada a um só tipo de democracia, a democracia representativa. A consagração da democracia representativa foi um passo importante na democratização do mundo, sobretudo na medida em que, como referi acima, as classes populares se foram apropriando dela. No entanto, ao assumir-se como a única forma legítima de democracia, tornou-se uma presa fácil dos grupos sociais dominantes que a perverteram e sequestraram para melhor servir os seus interesses. Sempre que tal ocorreu, a democracia representativa transformou-se num obstáculo à democratização do mundo. Trata-se, no entanto, de um processo histórico muito contraditório pois, se tomarmos o mundo como nossa unidade de análise, constatamos que o processo de apropriação da democracia representativa pelos poderosos tem de se confrontar a cada passo com a ousadia das classes populares que, ao assumirem a democracia como sua, conseguem pô-la ao serviço dos interesses da grande maioria da população, pelo menos por algum tempo ou em relação a algumas conquistas. E sempre que o fazem, o seu êxito está vinculado a inovações democráticas que, pela via institucional ou extra-institucional, conferem à participação dos cidadãos uma força decisiva. Em face disto, nas condições do nosso tempo, democratizar o mundo significa complementar a democracia representativa com a democracia participativa. De uma relação tensa mas virtuosa entre as duas formas de democracia, aumenta a possibilidade de defender a democracia representativa do sequestro por parte de interesses poderosos, ao mesmo tempo que se confere à democracia participativa uma maior eficácia.[69]

Não será possível democratizar o mundo, refundar democraticamente a Europa ou preparar as sociedades nacionais para os imensos desafios do futuro sem uma profunda transformação dos sistemas políticos que combine a democracia representativa com a democracia participativa, o que, em muitos casos, implica a reformulação intercultural de cada uma delas. Sem o envolvimento mais denso e comprometido dos cidadãos e das comunidades na condução da vida política, a democracia continuará refém da anti-democracia, isto é, de interesses que à revelia da maioria dos cidadãos geram maiorias parlamentares a seu favor.

Em Portugal, como noutros países, a qualidade da classe política foi-se degradando a partir do momento em que a mega-ideologia do neoliberalismo conseguiu impor-se como fim das ideologias e envolveu os políticos profissionais na vertigem do pensamento único. A suposta inexistência de alternativas, a pressão das instituições do capitalismo global (FMI, BM, OMC, Fórum Económico de Davos) sobre as economias e Estados nacionais e o sequestro das agendas partidárias pelos interesses

[69] Para uma visão ampla sobre estas questões com diversas propostas de diferentes países, ver Santos, 2003 (org.).

económicos que financiam os partidos contribuíram para que a distância entre representantes e representados não cesse de aumentar e a participação nos processos eleitorais pareça aos cidadãos cada vez mais um exercício inútil.

A crise da democracia de baixa intensidade em que nos encontramos só se resolve com mais democracia. A teoria política liberal foi desenvolvida no pressuposto de que as instituições democráticas deveriam proteger-se da rebelião das massas, da mobilização extra-institucional das classes populares. Posteriormente, diferentes teorias elitistas de democracia glosaram este pressuposto de múltiplas formas: os cidadãos não têm interesse em envolver-se na política; a democracia estabiliza-se na medida em que garante uma alternância de governo entre elites as quais, para governar, devem estar protegidas de turbulência popular; a condução política tornou-se demasiado complexa para poder estar ao alcance dos cidadãos comuns.

A teoria política liberal não previu nem poderia prever que, para a esmagadora maioria dos países, os maiores adversários da democracia não viriam de dentro mas antes de fora, dos imperativos globais definidos à medida dos interesses dos países mais desenvolvidos, ainda que sempre articulados com poderosas elites locais que extraem benefícios da desigualdade estrutural do sistema mundial. À pressão global, exercida de cima para baixo sobre os governos nacionais, há que contrapor a pressão de baixo para cima, exercida pelos cidadãos através de formas de participação amplas e eficazes que incluam o voto mas não se reduzam a ele.

No caso português há razões adicionais a justificar a necessidade de uma reforma profunda do sistema político e eleitoral. O sistema político em vigor é um sistema defensivo e restritivo, cuja arquitectura se compreende em função da necessidade, muito sentida há 30 anos, de estabilizar uma democracia minimamente funcional depois de décadas de ditadura. Daí o exclusivo protagonismo dos partidos, a blindagem dos representantes em relação às reivindicações dos representados, a hostilidade às formas de democracia participativa, aos referendos e iniciativas populares e à regionalização. Penso que, trinta anos depois, este sistema deve ser reformado, ampliado no sentido de facilitar a criação de múltiplas esferas públicas onde a sociedade civil organizada em associações e movimentos possa participar efectivamente na vida política através de múltiplas formas de democracia participativa. Nas condições de partidocracia em que vivemos, o impulso para estas formas de democracia participativa tem de ser gerado na sociedade. Suspeito que a reforma profunda do sistema político aqui proposta não possa ser levada a cabo no estrito intra-muros do parlamento. Exigirá a criação de uma esfera pública constituinte onde iniciativas dos cidadãos, a consulta efectiva, o referendo sejam efectivamente articulados com os mecanismos da democracia representativa.

Em articulação com a democracia representativa, várias formas de democracia participativa têm sido postas em prática em alguns países com bons resultados, de que o Brasil é exemplo; outras estão desenhadas e apenas esperam a iniciativa dos cidadãos e a coragem dos partidos políticos para serem postas em marcha. Entre muitas outras, saliento as seguintes. As consultas e referendos sobre aspectos decisivos da governação; iniciativas legislativas populares em condições de competir lealmente com as iniciativas legislativas dos partidos; conselhos de cidadania, compostos por cidadãos sorteados e por organizações da sociedade civil, obrigatoriamente consultados sobre as medidas a tomar em cada uma das grandes políticas públicas (educação, saúde, trabalho, segurança social, política criminal, etc.); elaboração participativa dos orçamentos municipais e possível extensão ao orçamento nacional; fiscalidade participativa em que, acima de um certo patamar de financiamento de serviços do Estado, os contribuintes possam vincular parte dos impostos que pagam ao financiamento de certos serviços (por exemplo, saúde, educação, transportes públicos) ou à proibição de serem utilizados para o financiamento de certos serviços (por exemplo, compra de material de guerra, participação em acções bélicas, energia nuclear).

A introdução de mecanismos de democracia participativa obrigará a mudanças significativas na democracia representativa que facilitem tal introdução e não a funcionalizem. Por exemplo, a impotência perante a impunidade da violação do contrato eleitoral é seguramente um dos mais sérios ingredientes da crise da política no nosso tempo. É urgente encontrar formas de responsabilização de deputados e governantes em função do registo público de programas e respectivas concretizações, no poder ou na oposição. Entre outras reformas possíveis do sistema político e eleitoral, menciono as seguintes: mudanças no sistema eleitoral de modo a tornar os deputados mais responsáveis perante quem os elege; proibição de renovação de mandatos políticos, municipais ou nacionais; referendo revocatório de mandato para todos os líderes políticos eleitos; direito de votar e ser eleito para todos os residentes há mais de cinco anos; redução para metade dos financiamentos públicos das campanhas; a publicidade na internet da declaração patrimonial de titulares de cargos políticos, altos cargos públicos e em empresas públicas ou municipais e do currículo profissional de deputados, governantes e presidentes de modo a tornar transparente a eventual promiscuidade entre os interesses privados e públicos.

Mas a democracia de alta intensidade não será possível sem a emergência de novos actores políticos, o que terá de suceder a vários níveis. O primeiro diz respeito às *lideranças políticas*: novos líderes democráticos, tanto a nível nacional como a nível europeu e mundial, com menos imaginação burocrática ou corporativa e mais imaginação política; vacinados contra o vírus do neoliberalismo; capazes de regular o capital financeiro e proibir ou ignorar os serviços das agências de *rating*; capazes de voltar a acreditar e de fazer acreditar no exercício da política como criação de bem-estar e segurança individuais e colectivos; e sobretudo capazes de pôr em discussão novos modelos civilizacionais assentes em alternativas pós-capitalistas potenciadoras de solidariedade entre os humanos e entre os humanos e a natureza.

O segundo nível de agência política diz respeito à sociedade civil organizada em *sindicatos, movimentos sociais e organizações não-governamentais*. Antes de tudo, é fundamental que os sindicatos resistam com êxito ao projecto neoliberal de os destruir. Para isso têm de se autonomizar em relação aos partidos políticos, reforçar as vinculações com as suas bases e criar alianças transnacionais entre si e com os movimentos sociais, dando corpo político à globalização contra-hegemónica inspirada no Fórum Social Mundial (Santos, 2005).

Os adversários credíveis do capitalismo surgirão no futuro dos catalizadores das articulações entre as muitas dimensões da opressão nas sociedades capitalistas e entre as diferentes culturas que dão sentido à injustiça da opressão e ao inconformismo que desperta. Acresce que a complexidade e a diferenciação sociais são tais que ninguém tem competência específica ou um domínio próprio para lutar contra o capitalismo, o colonialismo e o patriarcado. As experiências de vida são muito diferentes e distintos os modos como os grupos sociais foram postos em situação de vulnerabilidade e insegurança. Os adversários credíveis do capitalismo serão no futuro não só globais como também interculturais. E, por isso, não haverá esquerda; haverá mosaicos de esquerdas.

O terceiro nível da agência política diz respeito à *sociedade civil não organizada*, afinal a esmagadora maioria dos cidadãos. Como referi atrás, os patamares de mobilização são indeterminados, a sua orientação política muito diversa e a sua eficácia muito relativa, mas não restam hoje dúvidas de que as formas de organização de interesses nas sociedades contemporâneas acima mencionadas (partidos, sindicatos, movimentos sociais, ONGs) não captam senão uma pequena faixa da cidadania potencialmente activa e por isso é estultícia imaginar que representam cabalmente os seus interesses.

A emergência política dos cidadãos não convencionalmente organizados reside numa equação imprevisível entre a consciência de interesses lesados injustamente e a possibilidade de reverter o dano, uma combinação de inconformismo e da aposta na possibilidade de alternativa que se define mais pela negativa, pelo que se recusa, do que pela positiva. Aposta-se na possibilidade de a intervenção fazer diferença na reversão do dano. A mobilização parece ocorrer quando o patamar de inconformismo é accionado por uma percepção favorável da probabilidade da aposta.

Quando os cidadãos se transformam, de praças de objectos em praças de sujeitos, as instituições convertem-se rapidamente em miniaturas de si mesmas e tudo fica mais ao alcance da deliberação democrática directa ainda que só por breves instantes. São estes os instantes de bifurcação, os instantes em que as mais pequenas alterações em sistemas fora do equilíbrio podem provocar mudanças de grande magnitude.

O potencial político dos cidadãos supostamente apolíticos pode ser nas próximas décadas um factor importante de indeterminação e de transformação dos processos políticos, gerador de surpresas e nem todas necessariamente desejáveis. O modo como este potencial se articular com as formas existentes de organização social e política determinará se a democracia se transformará em democracia de alta intensidade ou se, pelo contrário, vegetará em baixíssima intensidade e povoada de fascismos sociais.

A democratização da democracia que aqui defendo é parte de um processo mais amplo e radical de democratização das relações sociais que tem como horizonte o longo prazo, embora deva começar hoje sob pena de não começar nunca. Tenho defendido que o sistema político, tal como o conhecemos, é uma parcela muita limitada da vida das sociedades e que estas só se democratizarão verdadeiramente na medida em que a democracia extravasar do campo político convencional e se estender a todas as áreas da vida social onde se tecem as relações de poder. Daí a minha definição de democracia: democracia é toda a transformação de relações de poder desigual em relações da autoridade partilhada. Ora, como tais relações atravessam todo o tecido social, a tarefa de democratização da sociedade é imensa.

A reforma do Estado

O Estado contemporâneo é um palimpsesto de lógicas político-administrativas diferentes que se foram sucedendo e sobrepondo ao longo dos últimos duzentos anos. É, por isso, um Estado heterogéneo na sua estrutura e no seu desempenho. O Estado administrativo coexiste com o Estado empresarial e com o Estado das parcerias público-privadas. Por sua vez, o Estado regulador coexiste com o Estado desregulador e o Estado repressivo com o Estado protector. Nem sempre é fácil determinar que tipo de lógica estatal domina numa dada intervenção e por vezes várias lógicas competem entre si no interior da mesma intervenção. O Estado que é hoje visto frequentemente como um problema é, ao mesmo tempo, visto como solução para muitos problemas.

A heterogeneidade do Estado resulta ainda da evolução histórica das relações entre o Estado e a sociedade civil e entre o Estado e o mercado. Correndo o risco de alguma simplificação, podemos dizer que, no que respeita às relações Estado/sociedade civil, dominaram nos últimos cem anos duas concepções diametralmente opostas, uma que viu no Estado democrático forte e interventor a condição para a emergência de uma sociedade civil forte (o modelo nórdico) e outra que viu nesse mesmo Estado o grande obstáculo à constituição de uma sociedade civil forte (modelo norte-americano). Paralelamente, no que respeita às relações Estado/mercado detectamos igualmente duas posições igualmente opostas, uma que viu no Estado regulador a condição essencial para os mercados serem eficientes e não terem comportamentos irracionais e perversos (o Estado depois da Grande Depressão) e outra, que tem vindo a dominar desde os anos de 1980, para a qual os mercados são eficientes e sê-lo-ão tanto mais quanto menor for a regulação estatal sempre tendencialmente perversa e irracional de um ponto de vista económico. Para aumentar a complexidade, qualquer uma destas concepções e posições esteve marginalmente presente no desempenho do Estado, mesmo quando foi a concepção oposta que dominou.

Estas assimetrias cruzam-se com uma outra que herdámos da cultura autoritária, burocrática, anti-gerencial, que dominou durante quase metade do século passado: o desempenho assimétrico e desigual das instituições segundo o capital social e político de quem a elas recorre. Somos uma sociedade polarizada entre uma pequena sociedade civil íntima habituada ao acesso fácil e privilegiado às instituições públicas e uma vasta sociedade civil estranha, a quem as instituições servem mal, e sempre selectiva, discricionária e distantemente. As nossas instituições tendem a oscilar entre o autoritarismo e o familismo extenso, muito longe do tipo ideal de impessoalidade burocrática de Max Weber. Longe de ser um Estado excepcional neste domínio, o Estado português é dócil ante os poderes fácticos e arrogantes ante as classes populares, de quem espera docilidade e obediência. Desta assimetria decorre, por exemplo, que o Estado esteja muito mais bem equipado para detectar as ilegalidades e punir os crimes cometidos pelas classes populares do que os cometidos pelas classes dominantes. Declarações falsas no acesso ao rendimento mínimo de inserção são prontamente detectadas e reprimidas, enquanto as ilegalidades nos contratos para grandes projectos, compra de submarinos ou parcerias público-privadas dificilmente são detectadas ou, se detectadas, efectivamente reprimidas.

A luta pelo controlo do Estado é hoje, em Portugal, a luta menos regulada e mais selvagem. A apropriação privatística do Estado e suas políticas por parte de grupos de interesse ocorre frequentemente a coberto dos imperativos económicos transnacionais mas com o propósito de acautelar os seus interesses próprios, por vezes bem locais. Tal privatização do Estado traduz-se em violações impunes de direitos e desperdícios financeiros incalculáveis, submissão de grupos sociais à vulnerabilidade indefesa ante micro-despotismos não estatais.[70]

O controlo público do Estado é o imperativo central da democratização do país. Dada a nova promiscuidade entre o público e o privado, tal controlo só é possível através de uma ampliação do conceito de público e de uma nova articulação entre democracia representativa e democracia participativa, tal como referi acima. Esta ampliação deve traduzir-se na criação de dois novos tipos de esfera pública: as esferas públicas subalternas e as esferas públicas não estatais. As primeiras visam criar espaços de debate e consulta, onde grupos sociais excluídos, discriminados ou temporariamente vulnerabilizados possam definir reivindicações colectivas ante o Estado Central e as autarquias e o sistema político em geral. As segundas, as esferas públicas não estatais, definem-se não pela situação dos grupos sociais que as constituem, mas pelas específicas relações de parceria que criam com o Estado e as autarquias e das formas de deliberação – para além do debate e consulta – em que se traduzem. As esferas públicas não estatais mais consistentes residem, por agora, nos orçamentos participativos municipais, mas podem ser criadas em muitos outros contextos sociais e institucionais.

A democratização do desempenho das instituições é uma condição essencial do aumento da sua eficácia. O campo de actuação é imenso. A título de exemplo: separação eficaz entre o público e o privado; criação de uma cultura administrativa democrática ao serviço da cidadania; avaliações de desempenho de acordo com esses objectivos; participação de concelhos de cidadãos no acompanhamento das instituições; reestruturação das carreiras e eliminação dos critérios de antiguidade; diversificação das formações de base que dão acesso às instituições;

[70] Ver adiante o capítulo sobre o fascismo social.

uma reforma profunda da justiça. Não cabendo aqui detalhar cada um destes campos de reforma do Estado, centro-me num deles, bem essencial: o sistema judicial.

A justiça ao serviço da democracia e da cidadania

O estado da democracia reflecte-se melhor na justiça que em qualquer outra área de governação. Neste domínio, Portugal tem um longo caminho a percorrer e não está só nem na Europa nem no mundo. A democracia de alta intensidade não é possível sem uma revolução democrática da justiça.[71] Em momentos de crise social e política, uma justiça célere, consciente do mandato constitucional e atenta aos direitos humanos e de cidadania contribui de maneira decisiva para atestar junto de cidadãos frustrados, vulnerabilizados e empobrecidos o valor da democracia e da luta pelos direitos. Essa contribuição ocorre a dois níveis. Por um lado, o combate eficaz contra a corrupção, o tráfico de influências e o abuso de poder garante a concorrência na economia sem a qual não é possível o relançamento económico, elimina privilégios que distorcem as prioridades do Estado ao sobrepor interesses privados aos investimentos públicos e finalmente resgata o lado quase sempre esquecido da representação democrática: a prestação de contas.

Por outro lado, os tribunais, ao garantirem a defesa efectiva dos direitos económicos e sociais dos trabalhadores, dos cidadãos e dos imigrantes, minimizam o caos da vida pessoal causada pelo desemprego, pelo sobreendividamento, pelo empobrecimento brusco, pelo acidente de trabalho incapacitante. Neste domínio, as exigências feitas aos magistrados são semelhantes às que se fazem aos políticos. Se a estes se exige imaginação política para criar alternativas onde os imperativos dominantes vêem soluções

[71] Sobre este tema, ver para o caso brasileiro, Santos, 2007 (3ª edição revista e aumentada, 2011).

únicas e pensar na coesão e justiça social quando tudo parece orientar-se contra elas, aos magistrados exige-se imaginação processual e gestionária para aumentar a celeridade ante as situações de emergência em que estão os cidadãos e imaginação constitucional para fazer da justiça um amparo a cidadãos cada vez mais precarizados, interpretando a lei segundo os princípios de solidariedade, de coesão e de busca da justiça social que subjazem à Constituição. Se os tribunais não marcarem uma presença democrática num momento de crise, não se pode esperar que os cidadãos os considerem relevantes depois de a crise passar.

Está o sistema judicial português em condições de desempenhar um papel activo na defesa dos direitos dos cidadãos e da democracia num período em que ambos vão ser submetidos a um exigente *stress test*? Temo que não. E, assim sendo, que medidas há a tomar para que tal papel possa ser desempenhado? As análises da justiça portuguesa feitas nomeadamente pelo Observatório Permanente da Justiça do Centro de Estudos Sociais da Universidade de Coimbra[72] mostram (e as percepções dos cidadãos confirmam) que o sistema judicial português apresenta graves deficiências estruturais e funcionais e é de acesso muito difícil para os cidadãos, não dando resposta adequada à procura de tutela judicial, particularmente crucial num momento de crise financeira e turbulência emocional na vida das famílias e dos indivíduos. As reformas que, na última década, foram introduzidas não provocaram mudanças positivas significativas e, nalguns casos, agravaram o acesso ao direito e à justiça. O aumento das custas judiciais e a retracção dos critérios de apoio judiciário levam a que grupos sociais, ainda que acima do limiar da pobreza, experimentem fortes constrangimentos na mobilização dos tribunais. Por sua vez, a análise do desempenho funcional dos tribunais judiciais evidencia a burocracia, a lentidão e a ineficiência na resposta à procura de justiça por parte dos cidadãos. O crescimento

[72] Os estudos do OPJ podem ser consultados em: http://opj.ces.uc.pt/.

exponencial da litigação de massa (dívidas e criminalidade de pequena gravidade) e uma maior complexidade de muitos litígios agravaram as condições de funcionamento.

Perante isto, urge tomar as medidas que devolvam ao sistema judicial a vocação e a missão de servir a democracia e a cidadania, o que só pode ser feito se o reformismo judicial for concebido de modo integrado no âmbito de um plano estratégico para a justiça. Eis algumas das dimensões desse plano.

Acesso ao direito e à justiça. O direito de acesso ao direito e à justiça desempenha um papel central na democratização da justiça e da sociedade como instrumento da defesa e efectividade dos direitos consagrados e dos interesses legítimos. É, por isso, fundamental o desenvolvimento de políticas fortes nesta matéria que proporcionem uma real igualdade dos cidadãos no acesso ao direito e à justiça. São múltiplos os factores que pesam na ponderação de recurso ao tribunal, designadamente, uma anterior experiência, a gravidade do interesse ou direito violado, avaliação ponderada do custo e do benefício, a capacidade financeira para suportar os encargos directos e indirectos com a mobilização do tribunal (custas judiciais, encargos com advogados e peritos, disponibilidade de tempo, sobrecarga emocional na presença de profissionais, linguagens e edifícios especializados em criar distância, etc.). Não basta a consciência do direito e de que este foi violado; é preciso ter também a vontade e a capacidade de querer accionar o sistema para fazer valer esse direito. Muitos cidadãos portugueses enfrentam sérios constrangimentos (culturais, económicos ou outros) para aceder aos tribunais judiciais, os quais se agravam em momentos de crise económica.

Neste quadro, não surpreende que os indicadores mostrem que os principais mobilizadores dos tribunais não são os cidadãos individuais, mas sim as empresas para a cobrança de dívidas. Nos grandes centros urbanos, as empresas são responsáveis por cerca de 80% dos processos que entram nos tribunais judiciais.

Em dois inquéritos realizados pelo OPJ do Centro de Estudos Sociais da Universidade de Coimbra, um em 1993[73] e outro em 2001, sobre as representações sociais dos cidadãos portugueses a respeito dos tribunais judiciais, concluiu-se que apenas cerca de 23% dos cidadãos residentes em Portugal tinha tido alguma experiência em tribunal. É de suspeitar que muitos dos que precisam de recorrer aos tribunais não o façam por não terem condições para isso. Ora, se é certo que muitos dos litígios podem e devem ser resolvidos por outros meios alternativos de resolução de conflitos, como os julgados de paz, a mediação e a arbitragem, cujo alargamento deve ser incentivado, o acesso aos tribunais judiciais tem que estar assegurado para todos os cidadãos.

A política de acesso ao direito e à justiça deve incorporar medidas que promovam quer a consciência de direitos e a afirmação da capacidade para os reivindicar, quer a mobilização dos tribunais ao serviço dos cidadãos. Eis algumas propostas concretas:

- valorização, com a disponibilização de recursos económicos e humanos, do serviço de atendimento ao público do Ministério Público e da sua acção como interface facilitadora do acesso à justiça no âmbito da justiça laboral e de família e menores. Este serviço de apoio aos cidadãos deve ser alargado (em dias e horário) e deve procurar disseminar-se territorialmente, criando espaços de atendimento em locais fora da comarca em que está sediado o tribunal sempre que a distância o justifique;
- reforma do regime de informação, consulta e apoio judiciário. Existem em Portugal múltiplas entidades prestadoras de serviços jurídicos complementares de apoio aos cidadãos que não estão associadas ao sistema de justiça oficial. Estas entidades tanto podem situar-se na esfera do Estado, como fora dela (de cariz comunitário, profissional, ONGs, etc.)

[73] Ver Santos, *et al.*, 1996.

e podem ter uma acção local ou de âmbito nacional. Esta multiplicidade de sinergias não pode ser ignorada pela política pública de acesso ao direito e à justiça, que deve procurar sinalizá-las, divulgá-las e apoiá-las, de modo a criar uma rede de entidades facilitadoras de informação e consulta jurídica e, preenchidos determinados requisitos, designadamente, no que respeita à condição de advogado, também de patrocínio judiciário. Esta dimensão fundamental da cidadania não pode estar confinada apenas à acção da Ordem dos Advogados;

– criação de um novo sistema de acesso ao direito e à justiça assente num novo figurino institucional e jurídico. Defendo a criação de uma entidade pública ou de fins e controlo públicos para a gestão do apoio judiciário que integre todas as respostas, no âmbito da informação, consulta e patrocínio judiciário, incluindo as de entidades não judiciais que previnam ou resolvam litígios. Defendo, assim, a criação da figura do defensor público à semelhança do que existe no Brasil. O novo sistema deve ser construído de modo a que, no respeito da independência da profissão dos advogados, estes sejam recrutados por concursos públicos temporários e estejam vinculados, com alguma continuidade temporal, às funções do regime de apoio judiciário, de forma a que possam desempenhar essas funções com qualidade e remuneração adequada;

– revisão dos critérios de elegibilidade legais, que actualmente apenas permitem o acesso ao patrocínio judiciário oficioso, e isenção ou redução de custas a quem seja indigente ou viva em situação de pobreza quase extrema, excluindo desse benefício grandes grupos sociais que, sem ele, não têm condições económicas de mobilizar os tribunais.

Reformas processuais. Impõe-se uma profunda reforma concebida a partir da perspectiva de quem procura a justiça e não de quem a exerce. As reformas processuais devem orientar-se pelos princípios da simplificação de procedimentos, do reforço da oralidade, da incorporação de práticas de automatização de procedimentos, da concentração das funções do juiz nos actos jurisdicionais, deixando ao escrivão a competência para todos os actos de mero expediente, do reforço da acção do juiz na direcção e gestão do processo, do tratamento diferenciado da litigação, obrigando à utilização de formas processuais mais céleres para a litigação de baixa ou média complexidade com prazos estritos, e do aprofundamento da intervenção de mecanismos de consenso e de justiça restaurativa.

Recrutamento, formação de magistrados e cultura judiciária. Esta é uma reforma urgente, considerando três objectivos estratégicos: eficiência, qualidade da justiça e renovação da cultura judiciária. O recrutamento de magistrados exige que a definição rigorosa dos critérios em que deve assentar e dos júris que os aplicam seja orientada pelos princípios da legitimação constitucional do poder judicial, do mérito e da procura de um perfil de magistrado que assegure a realização da justiça ao serviço da cidadania. A formação deve dar igual atenção à preparação técnica e especializada, direccionada para a complexidade dos litígios, à preparação político-filosófica para a defesa prioritária dos direitos de cidadania e dos direitos humanos e à preparação sociocultural para compreender a realidade social e humana que habita os processos mas não se esgota neles. Deve igualmente centrar-se na preparação para a gestão dos processos, para a mediatização da justiça e exposição mediática dos magistrados e para os acidentes da politização da justiça A formação deve, assim, criar condições para que se formem magistrados dotados de um sólido apetrechamento técnico-jurídico, aptos para o exercício de funções segundo critérios éticos e deontológicos, de independência e de responsabilização, mas que saibam eficazmente e de forma progressista interpretar a realidade social. A formação deve igualmente potenciar a criação de uma nova cultura judiciária, que permita combinar a consolidação dos princípios da autonomia e independência do judiciário com um maior activismo na defesa dos direitos fundamentais dos cidadãos, sustentar reformas mais progressistas e eliminar resistências de natureza corporativa ou outras incompatíveis com uma justiça co-responsável pela efectividade da democracia e da cidadania.

Organização e gestão. Os tribunais não são empresas, mas não é aceitável que estejam organizados e sejam geridos de tal forma que, se fossem empresas, entrariam em falência a qualquer momento. Se tomarmos como referência outros serviços públicos complexos, como, por exemplo, as universidades, não detectamos os desperdícios e irracionalidades organizacionais que ainda hoje dominam nos tribunais.

A nova geografia judicial (a reforma do mapa judiciário) deve aprofundar-se como reforma estruturante da justiça. Além da racionalização da distribuição territorial da justiça e da especialização da oferta judicial, esta reforma incorpora mecanismos legais que permitem inovar na gestão dos tribunais e dos processos, nos métodos de trabalho e na organização das secções de processos, privilegiando secções únicas de modo a criar serviços comuns de serviços especializados. Apesar do potencial da lei, na prática, até agora, pouco mudou. É preciso desenvolver condições que permitam uma efectiva gestão de proximidade dos órgãos de comarca (Juiz-Presidente, administrador judiciário e conselho de comarca), o que passa, por exemplo, pela alteração dos estatutos dos funcionários de modo a permitir a sua mobilidade dentro da comarca e das regras orçamentais e de colocação e afectação de recursos humanos e materiais, que devem ter como unidade de referência o tribunal de comarca.

Organização da investigação criminal. Não dispomos de uma política criminal estratégica que distinga entre a criminalidade que cria mal-estar social e a criminalidade que, para além disso, abala os fundamentos da vida colectiva em democracia. O combate à criminalidade deve distinguir a criminalidade de pequena e média gravidade da criminalidade mais grave e complexa. Esta distinção não pode passar apenas ou tendencialmente pelas regras processuais. O combate à criminalidade complexa exige uma mudança radical da organização e funcionamento do Ministério Público, quer na fase de inquérito, quer na fase de julgamento, e da sua articulação com os órgãos de polícia criminal, caminhando para o funcionamento em equipas multidisciplinares como regra. A aposta na formação é crucial nesta matéria. Impõe-se definir linhas orientadoras de investigação e capacitar os magistrados do MP e os agentes policiais envolvidos na investigação desta criminalidade, habilitando-os a proceder a uma correcta delimitação do âmbito do inquérito, a desenvolver estratégias de investigação mais eficazes e a melhor definirem o objecto da investigação e a suficiência da prova.

Transparência e prestação de contas. O poder judicial, ao assumir plenamente o seu lugar no aprofundamento da democracia, deve procurar corresponder à exigência cidadã de maior transparência da justiça. O que passa, por exemplo, pela divulgação pública e regular de relatórios de desempenho de cada organização e dos agentes ao seu serviços, mas também pela transformação dos modelos e critérios de avaliação. A avaliação deve, por um lado, premiar o mérito, a qualidade e a eficiência, o respeito por uma justiça cidadã e os desempenhos funcionais mais pró-activos na defesa dos direitos humanos. Por outro lado, deve controlar e punir eficazmente desempenhos funcionais ineficientes e que não sirvam uma justiça de qualidade ao serviço da cidadania e da democracia.

Capítulo 5

Outros mundos possíveis: A ameaça do fascismo social

Antes de pensarmos e avaliarmos as possibilidades que se abrem para a construção de sociedades mais justas tanto na Europa como no mundo, há que ter bem presente o que está em causa se tais possibilidades não forem exploradas. Tenho vindo a sintetizar os riscos que corremos na emergência e proliferação do *fascismo social*. Estou consciente que o uso deste conceito na Europa pode ser considerado problemático pelas razões históricas que todos conhecemos. Pode argumentar-se com bons motivos que falar de fascismo em sociedades democráticas pode conduzir à trivialização do próprio conceito e ao desrespeito pela memória histórica que ele carrega. Sem minimizar estes riscos, recorro ao conceito para radicalizar a luta democrática que proponho ao longo deste livro. Na verdade, se há que evitar a trivialização do fascismo político, há igualmente que evitar a trivialização da democracia.

A memória do fascismo histórico tem duas virtualidades contraditórias entre si. Por um lado, mantém viva a memória dos crimes da ditadura, por outro lado, converte o fascismo num acontecimento histórico felizmente e irreversivelmente superado pela democracia. Esta contradição pode contribuir para baixar as guardas na defesa da democracia, retirando a esta a radicalidade que teve enquanto luta anti-fascista. O meu propósito é, pois o de mostrar que os perigos que a democracia enfrenta não estão no regresso do fascismo na forma histórica que conhecemos. Estão antes na emergência de relações sociais que geram desigualdades tão acentuadas entre os cidadãos ou os grupos sociais que as salvaguardas da democracia de pouco valem para defender os cidadãos ou grupos oprimidos no seio dessas relações. Estes cidadãos ou grupos vivem sob micro-ditaduras no seu quotidiano e nas relações sociais, apesar de no plano político serem cidadãos livres e iguais no pleno exercício formal (mas não real) dos seus direitos democráticos. Conceber a luta pela democracia como uma luta contra estas micro-ditaduras, que são as manifestações do fascismo social, favorece a radicalização da luta pelo aprofundamento da democracia.

Portanto, o fascismo social não significa o regresso ao fascismo dos anos trinta e quarenta do século passado na Europa e em alguns países sul-americanos. Ao contrário deste último, não se trata de um regime político mas antes de um regime social e civilizacional. Em vez de sacrificar a democracia às exigências do capitalismo, promove a democracia até ao ponto de não ser necessário, nem sequer conveniente, sacrificar a democracia para promover o capitalismo. Trata-se, pois, de um fascismo pluralista e, por isso, de uma forma de fascismo que nunca existiu. Na medida em que ele proliferar, as sociedades serão politicamente democráticas e socialmente fascistas.

Distingo cinco formas básicas de sociabilidade fascista. A primeira forma é o *fascismo do apartheid social*. Trata-se da segregação social dos excluídos através de uma cartografia urbana dividida em zonas selvagens e zonas civilizadas. As zonas selvagens são as zonas onde domina a violência, quer a violência do Estado repressivo, policial, quer a violência no interior dos grupos excluídos. São as zonas do estado de natureza hobbesiano, da guerra de todos contra todos. As zonas civilizadas são as zonas onde vigoram com alguma consistência os direitos de cidadania que compõem o contrato social. Vivem sob a constante ameaça das zonas selvagens e, para se defenderem, transformam-se em castelos neofeudais, enclaves fortificados, cuja lógica de urbanização é a segregação urbana (cidades privadas, condomínios fechados).

A divisão entre zonas selvagens e zonas civilizadas está a transformar-se num critério geral de sociabilidade, um novo espaço-tempo hegemónico que atravessa todas as relações sociais, económicas, políticas e culturais e que por isso é comum à acção estatal e à acção não estatal. Está inscrito, hoje em dia, no coração do quotidiano. No domínio da acção estatal está a dar origem a uma nova forma de Estado paralelo. Em trabalhos anteriores, tenho falado do Estado paralelo para caracterizar formas de acção estatal caracterizadas pela grande discrepância entre o direito escrito e a acção estatal prática.[74] Julgo que em tempo de fascismo social o Estado paralelo assume uma nova forma. Consiste num duplo padrão da acção estatal nas zonas selvagens e nas zonas civilizadas. Nas zonas civilizadas, o Estado age democraticamente, como Estado protector, ainda que muitas vezes ineficaz ou não confiável. Nas zonas selvagens, o Estado age fascisticamente, como Estado predador, sem qualquer veleidade de observância, mesmo aparente, do direito. O polícia que ajuda o menino das zonas civilizadas a atravessar a rua é o mesmo que persegue e eventualmente mata o menino das zonas selvagens.

A segunda forma de fascismo social é *fascismo contratual.* Ocorre nas situações em que a diferença de poder entre as partes

[74] Esta forma de Estado traduz-se na não-aplicação ou aplicação selectiva das leis, no adiamento da entrada em vigor de medidas já aprovadas por lei, na não punição da violação das leis, nos cortes nos orçamentos de funcionamento das instituições, etc. Enfim, numa política estatal de distanciação em relação às próprias leis e instituições, em que as próprias instituições passam a actuar autonomamente como micro-Estados, dotados de uma concepção própria do grau de aplicação da lei recomendável na sua esfera de acção (Santos, 1993: 31).

no contrato de direito civil (seja ele um contrato de trabalho ou um contrato de fornecimento de bens ou serviços) é de tal ordem que a parte mais fraca, vulnerabilizada por não ter alternativa ao contrato, aceita as condições que lhe são impostas pela parte mais poderosa, por mais onerosas e despóticas que sejam. O projecto neoliberal de transformar o contrato de trabalho num contrato de direito civil como qualquer outro pode configurar uma situação de fascismo contratual. Esta forma de fascismo ocorre hoje frequentemente nas situações de privatização dos serviços públicos, da saúde, da segurança social, da electricidade, da água, etc. A título de exemplo, as populações das *townships* à volta de Joanesburgo viveram recentemente na contingência de perder o acesso à água potável por não terem meios de pagar as contas às empresas que controlam o fornecimento privado de água (Desai, 2002).

Nestes casos, o contrato social que presidiu à produção de serviços públicos no Estado-Providência e no Estado desenvolvimentista é reduzido ao contrato individual do consumo de serviços privatizados. Nesta redução passam a extravasar do âmbito contratual aspectos decisivos da produção dos serviços que, por esta razão, se tornam extracontratuais, aspectos tão decisivos e tão elementares como o direito à vida que obviamente inclui o direito a beber água potável. É nestas situações que melhor se revela a conivência entre o Estado democrático e o fascismo paraestatal. Ao assumir valências extracontratuais, o fascismo paraestatal assume funções de regulação social anteriormente exercidas pelo Estado. Este, implícita ou explicitamente, subcontrata a agentes paraestatais o desempenho dessas funções e, ao fazê-lo sem a participação nem o controle dos cidadãos, torna-se conivente com a produção social de fascismo paraestatal. Estamos perante uma nova forma de governo indirecto, muito semelhante à que vigorou nas colónias, onde o Estado colonial confiava às autoridades gentílicas a realização de certos serviços de controlo das populações.

A terceira forma de fascismo social é o *fascismo territorial* que existe sempre que actores sociais com forte capital patrimonial retiram ao Estado o controlo do território onde actuam ou neutralizam esse controlo, cooptando ou violentando as instituições estatais e exercendo a regulação social sobre os habitantes do território sem a participação destes e contra os seus interesses. São territórios coloniais privados dentro de Estados quase sempre pós-coloniais.

Esta forma de fascismo social tem vindo a assumir nos últimos anos uma virulência alarmante sob a forma da aquisição massiva de terra (conhecida já pela expressão inglesa: *land grabbing*) na África, na Ásia, na América Latina e na Europa Oriental, que atinge sobretudo os camponeses sujeitos a perder o controle das suas terras e culturas e eventualmente a ser expropriados delas. Na aquisição estão envolvidas empresas multinacionais ligadas ao sector dos alimentos e dos agro-combustíveis, mas também fundos financeiros especulativos (*hedge funds*) e até países, como é o caso da China. Muitas vezes com a conivência dos países sedentos de rendimentos e dominados pela corrupção, a aquisição massiva de terra envolve uma flagrante ilegalidade que consiste em aproveitar o carácter não escrito e ancestral da titulação comunal da terra para lhe sobrepor um título de propriedade individual. Trata-se afinal, séculos depois, da mesma estratégia que levou os colonizadores a apropriarem-se das terras das populações nativas. O facto de, neste caso, se usarem Estados independentes como intermediários pouco altera a natureza do fenómeno. O *land grabbing* constitui assim uma nova forma de colonialismo, cujos contornos merecem uma análise atenta.

A quarta forma de fascismo social é o *fascismo da insegurança*. Trata-se da manipulação discricionária da insegurança das pessoas e grupos sociais vulnerabilizados pela precariedade do trabalho, ou por acidentes ou acontecimentos desestabilizadores, produzindo-lhes elevados níveis de ansiedade e de insegurança quanto ao presente e ao futuro, de modo a fazer baixar o horizonte de expectativas e a criar a disponibilidade para suportar grandes encargos para obter reduções mínimas dos riscos e da insegurança.

No domínio deste fascismo, o *lebensraum* dos novos *führers* é a intimidade das pessoas e a sua ansiedade e insegurança quanto ao presente e ao futuro de si próprias e de suas famílias nas áreas básicas da sobrevivência e da qualidade de vida. Opera pelo accionamento duplo de ilusões retrospectivas e de ilusões prospectivas, e é hoje particularmente saliente no domínio da privatização das políticas sociais da saúde, da segurança social, da educação e da habitação. As ilusões retrospectivas consistem em acentuar a memória da ineficácia dos serviços públicos encarregados de executar essas políticas, o que em muitos países não é tarefa difícil, ainda que o desencadear desta ilusão só seja possível através de comparações enviesadas entre condições reais de produção dos serviços e critérios ideais de avaliação dos serviços produzidos. Por sua vez, as ilusões prospectivas visam criar horizontes de segurança produzidos no sector privado inflacionados pela ocultação de certos riscos e pela ocultação das condições de prestação de segurança. Tais ilusões prospectivas proliferam hoje sobretudo nos seguros de saúde e nos fundos de pensões privados.

A quinta forma de fascismo social é o *fascismo financeiro*. É talvez a forma mais virulenta de sociabilidade fascista e aquela que nos dias hoje mais nos atinge. É o fascismo que comanda os mercados financeiros de valores e de moedas, a especulação financeira global, um conjunto hoje designado por economia de casino. Esta forma de fascismo social é a mais pluralista na medida em que os movimentos financeiros são o produto de decisões de investidores individuais ou institucionais espalhados por todo o mundo e, aliás, sem nada em comum senão o desejo de rentabilizar os seus valores. Por ser o mais pluralista é também o fascismo mais virulento porque o seu tempo-espaço é o mais refractário a qualquer intervenção democrática. Significativa é, a este respeito, a resposta do corrector da bolsa de valores quando lhe perguntavam o que era para ele o longo prazo: "longo prazo para mim são os próximos dez minutos".

Este espaço-tempo virtualmente instantâneo e global, combinado com a lógica de lucro especulativo que o sustenta, confere um imenso poder discricionário ao capital financeiro, praticamente incontrolável apesar de suficientemente poderoso para abalar, em segundos, a economia real ou a estabilidade política de qualquer país de que temos experiência recente e dramática em Portugal. De cada cem dólares que circulam diariamente no globo, noventa e oito pertencem a esta economia de casino e apenas dois à economia real. A discricionariedade no exercício do poder financeiro é virtualmente total e as consequências para os que são vítimas dele – por vezes, povos inteiros – podem ser arrasadoras.

A virulência do fascismo financeiro reside em que ele, sendo de todos o mais internacional, está a servir de modelo e de critério operacional a novas instituições de regulação global, crescentemente importantes apesar de pouco conhecidas do público. O que hoje se discute na Organização Mundial de Comércio sobre o novo *round* de negociações para a liberalização na área dos serviços é extremamente preocupante. Por exemplo, na área da educação superior está em risco a própria sobrevivência das universidades públicas nacionais e seus projectos autónomos de abordagem dos problemas e aspirações nacionais. O objectivo é criar um capital universitário global que leve a cabo a mercadorização global da universidade com o mínimo de interferência nacional.[75] Trata-se de levar ao extremo o fim de qualquer ideia de desenvolvimento nacional e a intensificação da concorrência mercantil internacional, não já só entre trabalhadores e países, como também entre cientistas (cada vez mais proletarizados), planos de estudo, projectos de pesquisa, programas de extensão

[75] Trato deste tema com algum detalhe em Santos, 2005.

(cada vez menos solidários, cada vez mais vistos como fonte de receitas). O confisco da possibilidade de deliberação democrática na área da educação terá repercussões cujo carácter devastador, particularmente para o pensamento crítico e comprometido com a cidadania, dificilmente poderão ser exageradas. Se este projecto for concretizado, as disposições sobre a educação em virtualmente todas as Constituições do mundo, serão gradualmente substituídos pelo constitucionalismo global das universidades globais e do capital que as sustenta.

Uma segunda forma de fascismo financeiro ampliado, também ele muito pluralista, global e secreto, é o que decorre da avaliação das dívidas soberanas dos Estados nacionais por parte das empresas de notação, ou seja, das empresas internacionalmente acreditadas para avaliar a situação financeira dos Estados e os consequentes riscos e oportunidades que eles oferecem aos investidores internacionais. Esta é a forma de fascismo financeiro com a qual os portugueses estarão hoje mais familiarizados. As notas atribuídas – que vão de AAA a D – são determinantes para as condições em que um país ou uma empresa de um país pode aceder ao crédito internacional. Quanto mais alta a nota, melhores as condições. Estas empresas têm um poder extraordinário. Apesar de conhecido apologista da globalização, Thomas Friedman, jornalista do *New York Times,* alerta para o facto de que "o mundo do pós-guerra fria tem duas superpotências, os Estados Unidos da América e a agência Moody's" – uma das agências de *rating,* junto da Securities and Exchange Commission; as outras são Standard and Poor's, Fitch Ratings e Duff and Phelps. Friedman justifica esta afirmação acrescentando que "se é verdade que os Estados Unidos da América podem aniquilar um inimigo utilizando o seu arsenal militar, a agência de qualificação financeira Moody's tem poder para estrangular financeiramente um país, atribuindo-lhe uma má nota" (Warde, 1997: 10-11).

De facto, num momento em que os devedores públicos e privados entram numa batalha selvagem à escala mundial para atrair capitais, uma má nota e, portanto, a desconfiança dos credores, pode significar o estrangulamento financeiro do país. Os critérios adoptados pelas empresas de *rating* são em grande medida arbitrários, reforçam as desigualdades no sistema mundial e dão origem a efeitos perversos: o simples rumor de uma próxima desqualificação (baixa nota) pode provocar enorme convulsão no mercado de valores de um país, como temos vindo a testemunhar nestes últimos tempos em Portugal. Aliás, o poder discricionário destas empresas é tanto maior quanto lhes assiste a prerrogativa de atribuírem qualificações não solicitadas pelos países ou devedores visados.

O fascismo financeiro nas suas várias formas e âmbitos é exercido por empresas privadas cuja acção está legitimada pelas instituições financeiras internacionais e pelos Estados hegemónicos. São um fenómeno híbrido paraestatal e supraestatal. A sua virulência reside no seu potencial de destruição, na sua capacidade para provocar a desagregação financeira e económica de países inteiros. Este potencial de destruição começa a ser disfuncional para a própria economia de casino que se alimenta das agências e de notação.

Entre os comentadores financeiros internacionais, Portugal está a ser usado como estudo de caso do que está mal no actual sistema financeiro. Os comentadores reconhecem que o comportamento das agências é "problemático" mas, como muitos vivem à sombra delas, tendem a afirmar que o problema não é das agências, mas das regras financeiras internacionais que impõem o seu uso. As agências de notação pretendem ser uma segurança contra o risco mas, em vez de o fazerem distribuindo os riscos pelos vários intervenientes, transferem-nos unilateralmente para defender quem lhes paga. A ideia de medir o risco seria boa, mas torna-se perversa se os critérios de medição não são transparentes e pelo contrário são arbitrários e se prestam a toda a manipulação (é crível que a economia paquistanesa seja mais estável que a grega?). Como é isso que ocorre, o risco soberano ou empresarial aumenta pela simples declaração de que está a aumentar, qualquer que seja a situação real. Nenhum país ou empresa pode resistir a um ataque predador deste tipo. Responsabilizar as agências por notações erradas é uma medida frouxa por não tomar em conta que as agências têm poder para criar a realidade que lhes convém.

Neste domínio, a notação por contágio – definir o risco atribuído a um país em função do que se passa noutro (*risks from spillovers*) – é o componente mais perverso do sistema actual, pois cria dificuldades reais a um país a partir de um risco inventado. Como vimos, Portugal foi vítima nos últimos meses deste tipo de notação e não está só. A Standard & Poor's baixou a notação da República de Chipre, um pequeno país economicamente estável, apenas "por estar exposto à Grécia". O problema é tão grave que o próprio FMI começa a preocupar-se com a questão. No *working paper* "Sovereign Rating News and Financial Markets Spillovers: Evidence from the European Debt Crisis" (Março de 2011), o FMI chega a propor que, dada a instabilidade financeira criada pelo contágio, as autoridades devem repensar se é apropriado usar notações de créditos na regulação dos mercados financeiros.

A proliferação do fascismo social é um dos dois impactos mais destrutivos do capitalismo neoliberal nas relações sociais. O outro é a sobreexploração dos recursos naturais e a catástrofe ambiental que vem provocando. O fascismo social alimenta-se do enfraquecimento dos processos democráticos com a erosão progressiva dos direitos económicos e sociais e dá origem a formas de dominação muito semelhantes às que dominaram o capitalismo selvagem do século XIX. Nas condições do nosso tempo, só a radicalização da democracia nos termos referidos atrás pode inverter o processo de desumanização da humanidade actualmente em curso.

Tendo isto em mente, tem-se uma ideia dos enormes desafios contidos em expressões simples como "outra Europa é possível" ou "outro mundo é possível".

Capítulo 6

Outra Europa é possível

Os portugueses, tal como os gregos e os espanhóis, viram na integração europeia uma oportunidade real para melhorar as suas condições de vida e garantir a estabilidade democrática, pois haviam saído há pouco de ditaduras: Salazar e Caetano em Portugal (1926/1933-1974), Franco em Espanha (1939-1975), os coronéis na Grécia (1967-1974). Das análises precedentes torna-se evidente que o projecto em que acreditaram, imaginado pelos tratados fundadores da UE, já não existe. Foi abandonado no momento em que os princípios de solidariedade e de igualdade entre os Estados, que constavam dos tratados, foram substituídos por lógicas monetárias, comerciais e de governação definidas pelos interesses dos países mais desenvolvidos, criando assim as condições para a emergência da estratificação entre Estados de primeira classe e Estados de segunda classe, entre um centro europeu e uma periferia europeia. O modo como foi tratada a crise da Grécia foi revelador da degradação do projecto europeu. O chamado resgate dos países em dificuldades é a prova de que este projecto europeu, tal como está, não tem resgate possível.

A degradação do projecto vinha sendo anunciada há muito só que, como Brecht nos avisou em vão, não nos demos conta enquanto não nos bateu à porta. A construção da ideia de uma Europa que contém no seu seio elementos indesejáveis começou por incidir sobre os imigrantes com o agravamento do racismo e da xenofobia, alimentado pelos sempre renovados preconceitos da inferioridade, periculosidade e parasitismo dos imigrantes, com o abandono das políticas de reconhecimento intercultural (já de si muito limitadas), e com a criminalização fascizante (perseguição e expulsão) dos imigrantes indocumentados. A mesma ideia começa agora a recair sobre o "outro" europeu, o europeu da periferia menos desenvolvida, e os estereótipos que justificam a distância e a rejeição são muito semelhantes, sobretudo a inferioridade e o parasitismo. Para quem foi uma colónia formal (Irlanda) ou informal (Portugal) de outro país europeu (Inglaterra), nada disto é novo e mostra que o passado é sempre a dimensão do presente que mais atropela as nossas aspirações de um futuro diferente e melhor. O acrónimo que a certa altura andou em voga para identificar os países em dificuldade – PIGS (porcos), as iniciais em inglês de Portugal, Irlanda, Grécia e Espanha – é revelador do preconceito racista e colonialista que habita esta Europa.

A Europa-fortaleza tem duas muralhas, a externa e a interna. A externa foi a mais visível no início e foi construída para se defender dos que estavam fora, uma muralha violadora do direito internacional e do direito humanitário que percorre o Norte de África. A muralha interna foi sendo construída em dois círculos. O primeiro visou defendê-la dos que, estando na Europa, não eram europeus mesmo tendo passaportes europeus. O segundo, em plena construção, visa defendê-la dos que, sendo europeus, comprometem a segurança da fortaleza e devem, por isso, ser expulsos dela. Quem está dentro da fortaleza estará cada vez mais seguro e cada vez mais só e certamente continuará a defender-se até que alguém ou alguma coisa lhe lembre que se está a defender de si mesmo.

Muitos pensam com boas razões que o europeísmo, mesmo que tenha sido um sonho (o que para alguns é duvidoso), é hoje um pesadelo, infelizmente real e sem remédio. Neste sentido, os países menos desenvolvidos da Europa terão de reagir a uma integração que se tornou repressiva, o que poderá implicar a necessidade de recuperar instrumentos de acção pública como a moeda, a política industrial e as iniciativas de transnacionalização fora do quadro europeu. Quanto a estas últimas, defendi-as acima ao propor a mobilização e intensificação da CPLP A questão da soberania é complexa, sobretudo no caso de um pequeno país como Portugal. Embora seja necessário recuperar a curto prazo alguns dos instrumentos de política cedidos em troca de promessas de convergência, um refluxo nacionalista deve ser contrariado pela marginalização que implica de processos de globalização que tudo indica se continuaram a intensificar, desejavelmente em novas direcções. Acresce que na Europa os nacionalismos nunca ocorrem isoladamente e facilmente se transformam em rivalidades que podem ser abissalmente destrutivas. A ideia da Europa benévola é uma fraude histórica, tanto quando se trata de benevolência interna como quando se fala de benevolência face ao mundo extra-europeu. Entre mil exemplos, basta ter em mente duas guerras ditas mundiais, a imposição de Israel ao povo palestiniano e o entusiasmo da maioria dos governos europeus no apoio à invasão ilegal e destruição do Iraque.

A UE quis ser uma ruptura com este passado e durante algum tempo foi-o de modo credível. Hoje já o não é, mas não é impensável que se possa refundar como um projecto de cidadania e democracia de alta intensidade, inclusiva e intercultural. Basta que os cidadãos europeus, passada a vertigem de políticas de direita e de extrema-direita, o queiram e se organizem para isso. Esta é a aposta em que Portugal se deve envolver, assumindo que o espaço europeu continuará a ser o contexto geopolítico necessário e privilegiado do seu florescimento.

Democratizar a Europa

Há que refundar o projecto de convergência europeia através de uma estrutura mais federalizante e assente em processos de eleição directa para os principais órgãos de governo. Actualmente a democracia europeia (conceito intrinsecamente problemático) tem medo dos democratas europeus e os democratas europeus têm medo da democracia europeia. Enquanto este medo não for substituído pela esperança, uma esperança assente num relação de confiança democrática, iremos assistir à proliferação de isolacionismos reaccionários e imperiais com expressão nos partidos de direita e de extrema-direita que vão, por agora, ganhando terreno na Europa.

A esperança numa Europa democrática e solidária virá das esquerdas logo que estas tenham absorvido e elaborado politicamente as transformações na relação entre capitalismo, colonialismo, patriarcado e democracia que mencionei acima. No fundo, enquanto não for possível viabilizar um paradigma alternativo que certamente virá pela via de um novo pacto sócio-ecológico, tratar-se-á de construir politicamente a nível europeu um adversário credível do capitalismo, capaz de introduzir um correctivo eficaz à vertigem predadora e destrutiva que actualmente domina sem freios o capitalismo global. Para que tal seja possível são necessárias diversas condições e todas elas exigentes.

Desfinanceirizar a Europa

Uma das condições que mais urgentemente deve ser concretizada consiste em libertar a economia europeia do jugo dos mercados financeiros desregulados. Em diferentes países europeus começa a definir-se e organizar-se a resistência contra o confisco do bem-estar dos cidadãos por parte da economia de casino. Sindicatos e organizações não-governamentais com grande competência técnica na área da dívida pública (a *Debt and Development* da Irlanda, *a Association pour la Taxation des Transactions Financière et l'Aide aux Citoyens* (ATTAC), francesa e a sua rede europeia, o *Comité pour l'annulation de la dette du Tiers*

Monde (CATDM, belga, também com rede europeia) têm vindo a propor medidas para pôr fim à financeirização da Europa e abrir, de novo, os caminhos de criação de bem-estar e de solidariedade, fazendo-os, todavia, assentar em novos princípios que privilegiem o emprego e a ecologia.

Existe uma significativa convergência entre as medidas propostas, revelando o conjunto delas a pujança de um pensamento alternativo em busca de uma vontade política inovadora e corajosa. Todas elas se opõem às condicionalidades impostas pelo FMI. Muitas destas medidas têm de ser tomadas a nível europeu para evitar que os seus alvos se aproveitem das assimetrias fiscais e orçamentais. Eis algumas dessas propostas:

- reduzir os défices públicos, não através de cortes nas despesas sociais, mas antes através: a) do aumento dos impostos sobre o capital financeiro (bancos, transacções financeiras) e sobre as grandes fortunas; b) de medidas eficazes contra a evasão fiscal; c) da redução das despesas em armamentos;
- realizar auditorias permanentes à dívida pública;
- reestruturar a dívida e anular a que for ilegal, ilegítima ou odiosa;
- proibir a socialização pública das dívidas privadas (já na agenda política da Islândia graças à mobilização dos cidadãos);
- proibir os paraísos fiscais (medida que o G20 tem vindo a discutir sem tomar qualquer iniciativa);
- calibrar os impostos indirectos, tendencialmente injustos (como o IVA), de modo a punir o consumo ostentatório e facilitar o acesso a bens e serviços essenciais;
- combater a especulação financeira sobre a alimentação, os títulos do tesouro, e as moedas;
- reverter a injustiça fiscal, retomando a tributação progressiva. Desde 1980, as taxas de impostos directos sobre os rendimentos mais altos e sobre as grandes empresas têm

vindo a cair continuamente na UE. Entre 2000 e 2008 a taxa mais alta sobre o rendimento pessoal baixou em 7% e a taxa sobre as grandes empresas baixou 8.5%;

- rever os tratados da UE e sempre que necessário substituí-los por outros através da participação democrática dos cidadãos. Por exemplo, revogar os artigos 63 e 125 do Tratado de Lisboa que proíbem o controlo sobre movimentos de capitais e a ajuda a Estados em dificuldade;
- abandonar o Pacto de Estabilidade e Crescimento e substituí-lo por um pacto de solidariedade para o emprego e a ecologia (o que inclui, entre muitas outras coisas, a aposta nas energias renováveis e a recusa da energia nuclear e dos organismos geneticamente modificados);
- alterar o estatuto do Banco Central Europeu de modo a que ele possa actuar directamente (e não através dos bancos comerciais) na resolução dos problemas de países com dificuldades financeiras;
- nacionalizar ou submeter a controlo público os bancos que apenas sobrevivem com fundo públicos;
- proibir os bancos que gerem poupanças dos cidadãos de assumir posições especulativas e de ter filiais em paraísos fiscais.

Estas e muitas outras propostas são a consciência antecipatória de uma Europa solidária. Entrarão nas agendas políticas quando os cidadãos e os actores políticos se organizarem para isso.

Descolonizar a Europa

Muito para além do seu impacto económico, o colonialismo teve um papel determinante na formação da cultura europeia e muito especificamente da cultura política. A ideia da missão civilizadora conferiu à cultura europeia um complexo de superioridade que com o tempo se transformou num traço incapacitante. A superioridade da religião (cristianismo) e do conhecimento (ciência moderna) justificou o privilégio de ensinar o mundo a troco da sua exploração colonial. O exercício prolongado deste privilégio conformou de tal maneira o *ethos* europeu que incapacitou a Europa para imaginar relações horizontais entre diferenças culturais, religiosas, étnicas ou epistemológicas. Daí que se tenha tornado inimaginável para a Europa dar valor intrínseco a outras experiências ou culturas do mundo extra-europeu e aprender com elas. Houve muita curiosidade pela alteridade mas foi sempre instrumental, para a transformar em matéria-prima que alimentava e reforçava a superioridade do cristianismo, da cultura europeia, e da ciência moderna.[76]

Este complexo de superioridade passou a ser constitutivo das próprias relações intra-europeias mediante a construção de vários "outros" europeus inferiores, como referi acima. Por outro lado, criou um vazio epistemológico, uma espécie de cegueira provocada por excesso de luz que se manifestou como uma arrogância cultural e ontológica ante tudo o que não coubesse no cânone do crer, do saber e do agir europeus. Cultural, porque a diferença do outro é sempre concebida a partir da inferioridade deste; ontológica, porque o que fica fora do cânon é invisível e inconcebível, em suma, é declarado como inexistente. Daí, não só a inutilidade como também a impossibilidade de aprender com o outro. O vazio epistemológico alimenta-se do vazio intercultural e ambos do vazio ontológico. São estes vazios que fundam a credibilidade do universalismo europeu.

Esta incapacidade de aprendizagem é ainda hoje constitutiva da cultura europeia e é um dos marcadores mais evidentes, ao lado do racismo, da permanência do colonialismo nas relações sociais para além do fim do colonialismo de ocupação

[76] Para uma análise aprofundada destas questões, ver Gurminder, 2009.

territorial.[77] Não vai ser fácil à Europa despir-se desta arrogância colonial e de voltar a ser capaz de aprender com base no valor intrínseco do que se aprende.[78] Mas alguns factos recentes podem vir a propiciar esta mudança. Por um lado, está a gerar-se um sentimento de exaustão na Europa, a ideia de que a Europa está a entrar em crise sem que se conheçam bem os seus contornos e sem que os repertórios de soluções accionados no passado sejam minimamente convincentes. Por outro lado, fora da Europa, vários países, ditos emergentes, alguns ex-colónias europeias, estão a ganhar suficiente força na economia mundial para poderem contestar a hegemonia do eixo UE-EUA, e fazem-no recorrendo a soluções inovadoras. Algumas dessas soluções contêm elementos colhidos da experiência da Europa mas que a Europa hoje rejeita, como, por exemplo, o forte envolvimento do Estado na economia sem asfixiar a economia de mercado (o neo-desenvolvimentismo da Rússia, China, Brasil ou Índia), uma nova forma de social-democracia que faz das despesas sociais e da redistribuição (ainda que modesta) da riqueza um factor de desenvolvimento (Brasil).

Com o tempo e alguma turbulência social e política, a Europa verificará que já não é o centro cultural do mundo e que o vazio que a arrogância colonial criou à sua volta acabou por virar-se contra si, esvaziando-a de recursos preciosos para enfrentar tempos novos. A descolonização da Europa é decisiva para que a Europa se reconcilie com o mundo, mas é ainda mais decisiva para que a Europa se reconcilie consigo própria.

[77] O próprio fim do colonialismo de ocupação é questionável. Veja-se a intervenção da NATO na Líbia, activamente instigada pelas três potências colonizadoras, Itália, França e Inglaterra.

[78] Para analisar as possibilidades de aprendizagem está em curso no Centro de Estudos Sociais da Universidade de Coimbra, sob a minha coordenação, o projecto "ALICE - Strange Mirrors, Unsuspected Lessons: Leading Europe to a new way of sharing the world experiences", financiado pelo European Research Council.

Capítulo 7

Outro mundo é possível

Para além do turbilhão do curto prazo, os problemas que Portugal enfrenta só são resolúveis na Europa, se a Europa se refundar para nela haver lugar para países semiperiféricos como Portugal. A Europa, por sua vez, enfrenta desafios que em boa medida partilha com o mundo e que só a nível mundial podem ser equacionados. Por exemplo, o modo como o neoliberalismo se infiltrou na governação europeia é um episódio do movimento mais vasto do capitalismo global. Do mesmo modo, o impacto da degradação ambiental e da mudança climática não pode ser adequadamente travado na Europa se não for travado a nível global. Por sua vez, a proliferação do fascismo social, que na Europa parecia contida até há alguns anos, obriga-nos a pensar que o excepcionalismo europeu (de que o excepcionalismo norte-americano é uma versão) é uma ideologia que serve para ocultar a vigência global das formas mais agressivas de desigualdade e de discriminação social.

Tal como outra Europa é possível, também outro mundo é possível. Este tem sido o lema do Fórum Social Mundial (FSM) realizado pela primeira vez na cidade brasileira de Porto Alegre e que desde então se desdobrou em centenas de Fóruns regionais, nacionais, temáticos, locais organizados em todo o mundo. O FSM, até pela sua simetria confrontacional com o Fórum Económico Mundial de Davos, veio mostrar que uma outra globalização era possível. Uma globalização alternativa à do capitalismo global e dos mercados financeiros, do Banco Mundial, do FMI e da Organização Mundial de Comércio. Com isto, o FSM veio questionar a ideia, então corrente, de que o sentido e a racionalidade da história optara finalmente pela consolidação permanente do capitalismo, o argumento neoliberal de que o mundo está feito e bem feito e que o futuro chegou finalmente ao presente para ficar.

O FSM e os seus antecedentes (o levantamento dos zapatistas no Sul do México em 1994, a contestação à reunião da OMC em Seattle em 1999) deram visibilidade ao lado oculto da hegemonia neoliberal: o aumento exponencial da desigualdade social; a discriminação sexual e racial posta ao serviço da sobreexploração do trabalho; a explosão da precariedade e a incontrolável perda do valor da força de trabalho; a exploração desenfreada dos recursos naturais e o consequente desastre ecológico; a destruição dos meios de subsistência de vastas camadas de população mundial através da compra massiva de terra, da introdução das monoculturas do agro-negócio, dos organismos geneticamente modificados e dos megaprojectos de "desenvolvimento"; a destruição da biodiversidade e da diversidade cultural com consequências fatais para os povos indígenas, afrodescendentes e camponeses; a reemergência de formas de trabalho escravo; a obscena concentração da riqueza e o empobrecimento das maiorias; as violações massivas de direitos humanos supostamente para defender os direitos humanos; as invasões ilegais de países pobres, mas estrategicamente importantes, sob o pretexto de lhes impor a democracia ou de os salvar da ditadura; a conivência com a ocupação colonial da Palestina por parte de Israel.

As acções de resistência, combinadas com a revolução nas tecnologias de informação e comunicação que entretanto tiveram lugar, possibilitaram a realização de articulações locais/globais, alianças entre lutas e entre movimentos sociais nos mais díspares lugares do mundo. Com base em tais alianças e articulações tem vindo gradualmente a emergir uma globalização contra-hegemónica, uma globalização alternativa à globalização neoliberal construída a partir de baixo, com os movimentos sociais e das classes populares. Esta globalização alternativa extravasa em muito do processo do FSM e está hoje presente nas formas de participação solidária em lutas nos mais diversos países: dos camponeses e indígenas argentinos, chilenos e peruanos contra exploração mineira; dos povos tribais da Índia (os *adivasi*) contra a compra massiva de terra e os megaprojectos que obrigam à deslocação de centenas de milhares de pessoas; das populações ribeirinhas contra a grande barragem do Belo Monte na Amazónia brasileira; dos povos indígenas do Equador e da Bolívia pelo respeito da plurinacionalidade e da Consulta Prévia ao abrigo da resolução 169 da OIT; dos camponeses sem terra do Brasil pela reforma agrária e pela agricultura familiar; dos artistas e escritores pelo conhecimento livre; dos ecologistas europeus e norte-americanos contra os transgénicos (OGMs) e a energia nuclear e a favor das energias renováveis e novos modelos de consumo; dos imigrantes indocumentados na Europa contra a deportação; das mulheres afegãs e iranianas por direitos de cidadania; dos camponeses africanos, asiáticos e latino-americanos contra as sementes transgénicas e em defesa da terra comunal e dos direitos ancestrais; dos intelectuais e universitários africanos em defesa da universidade pública; dos jovens do Magreb em defesa da liberdade e do emprego; dos gregos e irlandeses exigindo a renegociação da dívida soberana; dos estudantes ingleses contra o aumento brutal das propinas nas universidades; dos cidadãos do estado de Wisconsin nos EUA contra a tentativa do Governador de proibir a participação dos sindicatos na contratação colectiva; dos sindicatos um pouco em todo o mundo em defesa dos direitos laborais, muitas vezes enfrentando a repressão, como, por exemplo, na segunda maior (em breve, a maior) economia do mundo, a China; etc., etc.

O conhecimento recíproco entre estas diferentes lutas e os movimentos sociais que as sustentam é hoje maior que nunca. No seu conjunto, mostram que o neoliberalismo, ao globalizar o capitalismo, criou também as condições para globalizar as lutas contra a injustiça e a opressão que ele gera. Tal globalização não se traduz, por enquanto, em formas de lutas articuladas globalmente com alguma estabilidade, nem é previsível que tal ocorra no futuro próximo. É, acima de tudo, uma forma de interconhecimento difuso que dá força às diferentes lutas espalhadas pelo mundo. Por um lado, a força vem do simples facto de se saber que não se está só quando se luta e se assumem riscos. Por outro, a nível sectorial existem hoje organizações que articulam lutas a nível regional ou continental, como acontece, por exemplo, no caso dos movimentos de mulheres, de camponeses ou de indígenas e de defesa dos direitos humanos.

Antes de mencionar algumas das propostas que vêm sendo formuladas e mesmo entrando na agenda política de alguns países, é importante salientar algumas das características do activismo político no início do século XXI.

A primeira é que as pessoas e os grupos se mobilizam e assumem riscos por causas que consideram importantes e lhes tocam pessoalmente; ninguém se mobiliza e assume riscos com base em meras palavras de ordem.

A segunda é que se passou de uma política de movimentos sociais para uma política de inter-movimentos sociais, isto é, para uma política guiada pela ideia de que nenhum movimento social isolado, sem a cooperação de outros movimentos, pode levar a cabo com êxito a sua agenda política; uma concepção muito ampla de poder e opressão, onde a exploração do trabalho se articula com o racismo, o sexismo, a discriminação cultural, a intolerância sexual e religiosa, as novas formas de escravatura, o feiticismo das mercadorias, etc.

A terceira é que os activistas resistem às relações hierárquicas entre os movimentos ou organizações e no seio de cada um deles; as redes políticas que estabelecem são baseadas em relações horizontais e na combinação de autonomia com articulação e coligação; recusam linhas mestras, teorias gerais e comandos centrais em favor de articulações e coligações consensuais e pluralidades despolarizadas (uma concepção pragmática das diferenças e semelhanças). Nem todas as lutas se reconhecem como sendo de esquerda e quando o fazem têm desta entendimentos muito diferentes. Está em extinção o conceito monolítico e monocultural de esquerda e assistimos à emergência do que podemos designar por mosaico de esquerdas.

A quarta é que a luta pela democracia tende a estar presente em todas as lutas, mas o modo como é concebida e inclusivamente os termos usados para a designar variam de cultura para cultura; não só existem várias formas de democracia (o que acima designei por demodiversidade) como também vários modos de entender cada uma delas (democracia intercultural).

A quinta característica, que de algum modo resume todas as outras, consiste numa nova cultura política baseada nas seguintes ideias desigualmente presentes nas diferentes lutas ou nas diferentes regiões do mundo: reconhecimento da diversidade das agendas e dos meios de luta; concepção ampla de meios de luta, permitindo a coexistência de acções legais e ilegais (com excepção da violência ilegal contra pessoas), acção directa e institucional, acção dentro e fora do Estado; recusa de ver no Estado um amigo incondicional ou um inimigo incondicional; combinação do princípio da igualdade com o princípio do reconhecimento da diferença (temos o direito a ser iguais quando a diferença nos inferioriza e temos o direito a ser diferentes quando a igualdade nos descaracteriza); privilégio dado à rebelião, ao não-conformismo e à insurgência em detrimento do reformismo e da revolução característicos do século XX; esforço credível para não converter militantes em funcionários, a maldição da esquerda durante o século passado; combinação pragmática de agendas de curto e longo prazo; articulação entre diferentes escalas de luta, locais, nacionais e globais, recorrendo de modo privilegiado à Internet e às novas tecnologias de informação e de comunicação.

Serão estas lutas utópicas? Ernst Bloch disse que "as utopias têm o seu horário" (1995: 479). As concepções e desejos de uma vida e de uma sociedade melhores, presentes desde sempre na história humana, variam quanto à forma e ao conteúdo de acordo com o tempo e o espaço. Exprimem as tendências e latências de uma dada época e de uma dada sociedade. Constituem uma consciência antecipatória que se manifesta através da ampliação dos sinais ou traços das realidades emergentes. É, pois, apropriado perguntar: a ideia de uma globalização contra-hegemónica, contra a injustiça social e a destruição ambiental, tem uma dimensão utópica? E, se tem, qual o seu horário?

A dimensão utópica das lutas que referi consiste em proclamar a existência de alternativas à globalização neoliberal. A crítica da utopia, tão comum hoje em dia, é própria de um tempo que é a seu modo utópico. Como afirma Franz Hinkelammert, vivemos num tempo de utopias conservadoras cujo carácter utópico reside na sua negação radical de alternativas à realidade do presente. A possibilidade de alternativas é desacreditada precisamente por ser utópica, idealista, irrealista. Todas as utopias conservadoras são sustentadas por uma lógica política baseada num único critério de eficácia que rapidamente se torna um critério ético supremo. Segundo esse critério, só tem valor o que é eficaz. Qualquer outro critério ético é desvalorizado como ineficaz. O neoliberalismo é uma dessas utopias conservadoras para as quais o único critério de eficácia é o mercado ou as leis do mercado. O seu carácter utópico radica na promessa de que a sua realização ou aplicação totais elimina todas as outras utopias. Segundo Hinkelammert, "esta ideologia extrai do seu furioso anti-utopismo a promessa utópica de um novo mundo. A tese básica é: quem destrói a utopia, realiza-a" (2002: 278).

O que distingue as utopias conservadoras das utopias críticas é o facto de aquelas se identificarem com a realidade presente e de descobrirem a sua dimensão utópica na radicalização ou na realização completa do presente. Além disso, não concebem os problemas ou dificuldades da realidade presente como consequência das deficiências ou dos limites do critério de eficácia, mas como resultado do facto de a aplicação desse critério não ter sido suficientemente completa. Para a utopia conservadora do neoliberalismo, se há desemprego e exclusão social, se há fome e pandemias, isso não é o efeito das deficiências ou dos limites das leis do mercado. É antes o resultado do facto de essas leis ainda não terem sido plenamente aplicadas.

A utopia conservadora é hoje mais poderosa que nunca porque é reproduzida todos os dias e incessantemente pelos meios de comunicação social de massa. As alternativas ao neoliberalismo nunca são mencionadas e, quando o são, é com o exclusivo propósito de as descredibilizar. Por essa razão, a dimensão utópica das lutas que resistem a este estado de coisas reside basicamente em recusar a ideia de que não há alternativa. Assume um carácter negativo: sabe melhor o que não quer do que o que quer. É mais importante afirmar a possibilidade de alternativas do que defini-las em detalhe. Mas é já hoje possível identificar algumas ideias reguladoras dos processos de mudança (por vezes, civilizacional) que estão em curso. Podem resumir-se em três grandes imperativos: democratizar, descolonizar, desmercadorizar.

Democratizar

Muitas das propostas para democratizar a democracia que mencionei no capítulo 4 estão hoje a ser formuladas a nível mundial, com as variações e adaptações necessárias consoante o país ou a região do mundo. É esta uma das dimensões mais consistentes da globalização contra-hegemónica. Democratizar significa democratizar a democracia no sentido que referi acima: recusar a ideia de que a democracia liberal representativa é a única forma válida de democracia e legitimar outras formas de deliberação democrática, a já referida demodiversidade; procurar novas articulações entre a democracia representativa e a democracia participativa e, em certos contextos, entre ambas e a democracia comunitária própria das comunidades indígenas e camponesas da África, América Latina e Ásia; estender os campos de deliberação democrática para além do campo político-estatal de modo a evitar que a democracia política se transforme numa pequena ilha democrática integrada num arquipélago de despotismos (o fascismo social): na fábrica, na família, na rua, na religião, na comunidade, nos conhecimentos, nos meios de comunicação social. Se o socialismo fosse definível, seria definido como democracia sem fim.

O imperativo da democratização tem, a nível mundial, uma outra dimensão: a reforma democratizante da ONU e das agências internacionais, a começar pelas instituições financeiras multilaterais como o Banco Mundial e o FMI.

Descolonizar

A Europa foi o centro do colonialismo moderno e isso confere um recorte específico (cria problemas, desafios e responsabilidades específicos) à luta pela descolonização. Por isso, autonomizei a tarefa da descolonização quando abordei atrás o tema de outra Europa possível. Mas, obviamente, estamos perante uma tarefa de âmbito global, por mais locais e circunscritos que sejam os lugares em que ela deverá ser levada a cabo.

Descolonizar é um imperativo bem difícil de concretizar Por um lado, há quem pense que a descolonização já teve lugar e que por isso o colonialismo é um facto do passado. Por outro lado, mesmo admitindo que o colonialismo continua a existir sob outras formas, é sempre possível confundi-lo com outras relações de poder desigual ou justificá-lo em nome de valores ou de exigências prioritárias. Colonialismo é toda a relação de opressão assente na inferioridade supostamente natural, racial ou étnico-cultural do oprimido. São os mais diversos os movimentos que concebem as suas lutas como visando uma ou outra manifestação do colonialismo e propondo alternativas descolonizadoras. Eis algumas dessas manifestações.

Talvez a mais importante e mais presente globalmente é o racismo. Na versão que lhe dá a modernidade ocidental, o racismo deriva da geminação do colonialismo com o capitalismo. É hoje uma das presenças mais insidiosas do colonialismo do nosso tempo porque actua nas instituições e fora delas, porque existe ao nível interno e ao nível das relações internacionais, porque se disfarça frequentemente de anti-racismo bloqueando assim a luta contra ele. Está nos livros de história, nos noticiários, na repressão policial, nos preconceitos semânticos (frases e piadas racistas), nos preconceitos da suspeita (o *ethnic profiling* – a cor da pele como sinal automático de perigo – tanto nos aeroportos como nos táxis e nos bairros das cidades, tanto no recrutamento de pessoal como no aluguer de casas), na desvalorização ou repressão da diversidade cultural, nos transportes públicos, no quotidiano das relações inter-individuais.

Outra manifestação ocorre nas relações internacionais, sobretudo nas relações entre as potências colonizadoras e os novos países independentes. Neste caso, o colonialismo combina-se com o imperialismo. A independência dos novos países, além de conquistada à custa de muita violência e destruição, foi frequentemente condicionada, sobretudo no caso do colonialismo inglês e francês, por privilégios económicos concedidos ao ex-colonizador que hipotecaram o desenvolvimento futuro dos novos países. Esta forma de colonialismo sobreviveu até hoje e explica em parte muitas das formas de intervenção estrangeira, mediada ou não pela ONU.

Uma manifestação particularmente insidiosa de colonialismo actual é a recusa em fazer as contas do colonialismo histórico, em revelar o que se passou e como se passou. Este silenciamento existe tanto do lado das ex-potências coloniais como do lado dos novos países independentes. Sob o pretexto de que "não devemos abrir feridas antigas", vão-se deixando sucessivas gerações sem saber de que história vieram e vai-se impedindo que muita injustiça e sofrimento sejam finalmente reconhecidas, mesmo não sendo possível repará-las. No fundo, é uma luta entre os que não querem recordar e os que não podem esquecer.

No plano epistemológico, o colonialismo manifesta-se de uma forma virulenta ao atribuir o monopólio do conhecimento válido à ciência moderna e à filosofia ocidental. Assim se desvalorizam, suprimem ou marginalizam outros conhecimentos leigos, populares, tradicionais, urbanos e camponeses, que afinal orientam a vida quotidiana da esmagadora maioria da população mundial. A desvalorização destes saberes traz consigo a desvalorização dos grupos sociais que os detêm.

O colonialismo interno é outra manifestação do colonialismo contemporâneo e foi cunhado para caracterizar as relações desiguais entre grupos sociais ou entre regiões do mesmo país que foram geradas no tempo do colonialismo histórico e permaneceram depois dele. É o colonialismo exercido pelas elites nacionais muitas vezes disfarçado de defesa do interesse nacional. O colonialismo interno apresenta-se sob três formas principais. A primeira corresponde ao que acima designei por fascismo territorial, ou seja, a privatização de parcelas do território nacional de tal maneira que quem as controla assume funções e prerrogativas próprias do poder soberano (justiça e polícia privadas). A segunda reside nas continuidades entre o Estado colonial e o Estado independente, tais como o autoritarismo da administração pública frente aos cidadãos e a manipulação ou repressão da diversidade cultural e das autoridades políticas e jurídicas muitas vezes preexistentes ao colonialismo. A terceira versão de colonialismo interno afecta as minorias (e, às vezes, maiorias) étnicas (por exemplo, povos indígenas) e reside em não reconhecer as suas línguas e culturas e recusar-lhes o direito à autonomia territorial e ao auto-governo.

Não podemos esquecer que há um século grande parte do planeta eram colónias europeias pelo que a persistência do colonialismo sob novas formas, parecendo estranha a um europeu (excepto no caso do racismo), tem uma importância mundial enorme e a luta contra ela é uma componente essencial da construção de um outro mundo possível.

Desmercadorizar

Desmercadorizar é um imperativo incontornável na busca de uma sociedade melhor. Sobrepostas às crises financeira, económica e social que acompanham o capitalismo desde o seu início, as crises ecológica, energética e alimentar vieram conferir um grau de convicção maior a algumas constatações que até agora não tinham merecido a atenção do cidadão comum. Eis algumas dessas constatações.

Primeiro, conceber o desenvolvimento como crescimento infinito assente na apropriação intensa da natureza é uma concepção que nos conduz ao desastre. A natureza está dar múltiplos sinais de que os seus ciclos de regeneração vital têm vindo a ser violados muito para além do que é sustentável. A natureza aguenta bem o uso por parte dos humanos mas não o abuso. O planeta não é inesgotável. O estilo de vida nos países desenvolvidos é energívoro e submete as energias não renováveis a uma pressão insustentável.

Segundo, a redução do bem-estar ao bem-estar material, baseado no consumo de bens disponíveis no mercado, deixa de lado muitas dimensões da vida (a espiritualidade, o cuidado, a solidariedade, os valores éticos) essenciais ao florescimento humano. Tornam-se necessários outros indicadores de bem-estar. Soa hoje menos absurda ou exótica a iniciativa de um pequeno país budista entalado nos Himalaias, Butão, que, em 1972, decidiu criar um índice de Felicidade Interna Bruta (por analogia com Produto Interno Bruto) para medir o desenvolvimento humano com base nos valores da sua cultura.

Terceiro, como qualquer outro fenómeno histórico, se o capitalismo teve um início, certamente terá um fim. Aliás, a crise ecológica está a mudar os termos dos desafios que enfrentamos: se o problema não for o de saber se o capitalismo sobreviverá, é certamente o de saber se sobreviveremos ao capitalismo.

Quarto, o capitalismo, por mais dominante, não conseguiu nunca erradicar totalmente outras lógicas de relações económicas que não passam nem pela acumulação infinita de riqueza nem pelo lucro a qualquer preço; essas lógicas (algumas existiam antes do capitalismo e sobreviveram, outras surgiram com o capitalismo e para lhe resistir) contêm um repertório de inovação social e económica que pode ser precioso num contexto em que se aprofundam as crises social, ecológica, alimentar e energética. Refira-se, a título de exemplo, o conceito de "viver bem", *Sumak Kawsay* em quéchua, que os indígenas do Equador lograram transformar em imperativo constitucional, ao mesmo que atribuíram à natureza (*Pachamama*, a terra mãe) a titularidade de direitos próprios dela e não dos humanos.

Desmercadorizar significa impedir que a economia de mercado estenda o seu âmbito a tal ponto que transforme a sociedade no seu todo numa sociedade de mercado, numa sociedade onde tudo se compra e tudo se vende, inclusive os valores éticos e as opções políticas. O imperativo de desmercadorizar envolve a promoção do mais amplo conjunto de iniciativas, muitas delas já testadas pelo tempo e pela capacidade de criar bem-estar para os que nelas participam. Com algumas adaptações, as propostas pela desfinanceirização da Europa estão hoje a ser avançadas a nível mundial. Constituem um dos núcleos centrais do objectivo de desmercadorizar a vida pessoal, social, política, cultural. Com o mesmo objectivo, muitas outras propostas e iniciativas têm vindo a ser apresentadas. Fazem parte da consciência antecipatória do mundo e vão esperando a hora da vontade política para as levar à prática. Entre muitíssimas outras, eis algumas:

- promover formas de economia social tais como cooperativas, economia solidária, sistemas de entreajuda e de troca de tempo e de trabalho;
- submeter ao controlo público (não necessariamente estatal) democrático (não burocrático) a exploração e gestão de recursos e de serviços essenciais ou estratégicos;
- desmercadorizar a natureza na medida do possível - de que é bom exemplo o pacto internacional da água, há algum tempo em discussão - promovendo uma nova relação entre seres humanos e natureza assente na ideia de que os primeiros são parte da segunda (não existem à parte dela) e que por isso deverão respeitar os ciclos vitais de regeneração da natureza, sob pena de suicídio colectivo;
- definir uma nova geração de direitos fundamentais: os direitos da natureza, os direitos humanos à água, à terra, à biodiversidade e a consequente consagração de novos bens comuns insusceptíveis de serem privatizados;
- interditar a especulação financeira sobre a terra e os produtos alimentares a fim de evitar a concentração de terra (está em curso uma contra-reforma agrária) e a subida artificial dos preços dos alimentos;
- transformar a soberania alimentar em eixo de políticas agrárias para que os países deixem de ser, na medida do possível, dependentes da importação de alimentos;
- regular estritamente os agro-combustíveis pelo impacto que têm na segurança alimentar e na soberania alimentar.[79]

[79] Uma vez que a CPLP é um espaço geopolítico a que atribuo grande importância justifica-se alertar para o que pode vir a ocorrer nele neste domínio. Na Guiné-Bissau esteve em estudo um plano para converter um sétimo da superfície do país em cultivo

O impacto destes projectos na agricultura e na vida dos camponeses não é difícil de imaginar;

- aumentar a vida média dos produtos manufacturados. Um carro ou uma lâmpada podem durar muito mais tempo sem acréscimo de custos;
- tributar de forma agravada alguns produtos agrícolas que viajam mais de 1000 km entre o produtor e o consumidor, criando com a arrecadação um fundo para apoiar o desenvolvimento local dos países menos desenvolvidos;
- incluir a diminuição do tempo de trabalho entre as políticas de promoção de emprego;
- proibir o patenteamento de saberes tradicionais e reduzir drasticamente a vigência de direitos de propriedade intelectual na área dos produtos farmacêuticos e agrícolas;
- aproveitar ao máximo as potencialidades democráticas da revolução digital para promover uma cultura livre que recompense colectivamente a criatividade de artistas e investigadores, generalizando a inovadora experiência do movimento do *Open Source Software*, e da *Wikipedia*.

Estas são algumas imagens da consciência antecipatória do mundo. Dir-se-á que são utópicas ou eivadas de romantismo. Sem dúvida. Mas devemos ter em conta algumas cautelas ao estigmatizar a utopia. Muitas destas propostas, quando detalhadas tecnicamente, dispõem de medidas de transição e são susceptíveis de aplicações parciais. Acresce que uma ideia inovadora é sempre utópica antes de se transformar em realidade. Finalmente, porque muitos dos nossos sonhos foram reduzidos ao que existe e o que existe é muitas vezes um pesadelo, ser utópico é a maneira mais consistente de ser realista no início do século XXI.

de jatrofa para produzir agro-diesel com financiamento dos casinos de Macau. Existe um plano da mesma magnitude em Moçambique para o cultivo de cana do açúcar com financiamento europeu e tecnologia brasileira.

Conclusão

Procurei mostrar que os desassossegos de Portugal são de longo e médio prazo e que só eles nos ajudam a entender o modo como damos resposta às crises de curto prazo. Não podemos esquecer que, durante o século XVIII, os barcos que traziam o ouro do Brasil aportavam no porto de Lisboa, mas seguiam muitas vezes para Inglaterra para que a nossa dívida soberana fosse paga. Quem quiser ver paralelos com o que se passa hoje basta substituir barcos por Internet e Inglaterra por credores sem rosto. No actual sistema mundial é muito difícil sair deste estatuto de desenvolvimento intermédio, quer para cima (promoção a país desenvolvido) quer para baixo (despromoção a país em desenvolvimento). As convulsões ou grandes transformações políticas criam oportunidades e riscos e os países mudam de estatuto para melhor se aproveitarem as oportunidades e evitarem os riscos. Foi assim que no pós-guerra a Itália foi promovida a país desenvolvido. Portugal, devido ao fascismo e à guerra colonial, desperdiçou essa oportunidade. O mesmo se passou com a Espanha. O 25 de Abril e a entrada na CEE criaram para Portugal outras oportunidades e trouxeram outros riscos, e mais uma vez não aproveitámos as primeiras e não evitámos os segundos. A tentativa socialista estatizante de 1975 foi um risco enorme; por sua vez, a oportunidade dada pela integração não pôde ser plenamente aproveitada, em parte porque os termos da integração não acautelaram nem a agricultura e a pesca portuguesas nem as relações históricas com as ex-colónias. Por outro lado, os fundos estruturais e de coesão foram desbaratados no que constituiu a história mais secreta da corrupção em Portugal. O euro, combinado com a abertura da economia europeia ao mercado mundial foi a última machadada nas aspirações portuguesas, pois tínhamos têxteis e sapatos para vender, mas não aviões nem comboios de alta velocidade.

Os termos da integração foram-nos sendo progressivamente mais desfavoráveis, o projecto europeu foi-se desviando das vontades originais e os mercados financeiros aproveitaram-se das brechas criadas na defesa da zona euro para se lançarem na pilhagem em que são peritos, agravando as condições do país muito para além do que pode ser legitimamente atribuído à nossa incúria ou incompetência. A verdade é que vivemos a hora dos grupos e classes dominantes, cujo poder parece demasiado forte para poder ser desafiado, e nunca tanta força esteve ligada a tanta ausência de projecto. A democracia, que aparentemente controla o seu poder, parece sequestrada por ele. Vivemos um tempo de explosão da precariedade, obscena concentração da riqueza, empobrecimento das maiorias e incontrolável perda do valor da força de trabalho.

Se é verdade que todas as crises são políticas não é menos verdade que não se politizam por si. A luta pela definição dos termos da crise é sempre o primeiro momento de politização e o mais adverso para os grupos sociais que mais sofrem com a crise. Os grupos sociais que produzem as crises mantêm em geral, salvo casos raros de colapso sistémico, a capacidade de definir a crise de modo a perpetuar os seus interesses durante e depois dela. A crise só deixa de ser destrutiva na medida em que se transforma em oportunidade nova para as classes e grupos sociais que mais sofrem com ela. E para isso, é necessário que os termos da crise sejam redefinidos de modo a libertar e credibilizar a possibilidade de resistência contra os interesses dominantes, o que implica luta social e política.

No curto prazo, a crise portuguesa é financeira e está a ser definida pelos grupos que a causaram. Externamente, pelos interesses de credores e especuladores financeiros; daí que não possa entrar na equação da definição da crise a desregulação dos mercados financeiros, a imoralidade dos lucros especulativos ou a subordinação de interesses soberanos democraticamente legitimados a desígnios financeiros anti-democráticos. Internamente, pelas lideranças políticas que causaram a crise ao serem reféns da corrupção e dos interesses partidários que colocam acima dos interesses nacionais; daí que não possa entrar na equação da definição da crise a mediocridade dos líderes, a crise do actual sistema político, a baixa intensidade da nossa democracia, a prevalência da cultura política autoritária que confunde consenso com resignação, que paralisa o potencial de rebelião da sociedade civil.

A curto prazo, muito provavelmente, uma redefinição da crise que abra janelas de oportunidade para a maioria da população fortemente vulnerabilizada pela crise só pode ocorrer por via de acções colectivas extra-institucionais. A prevalência da cultura autoritária e o papel da sociedade providência tornam tal ocorrência improvável a menos que a crise se agudize até à beira do desespero ou surjam acções colectivas extra-institucionais noutros países europeus que, por contágio, levem os portugueses para a rua. O que aconteceu recentemente no Norte de África não é uma especificidade africana.

A médio prazo, a crise portuguesa é económica, política e cultural e terá de ser resolvida em contexto europeu – pela contribuição que dermos à emergência de uma outra Europa mais democrática e mais solidária – no contexto da CPLP – pelo modo como formos capazes de criar interesses recíprocos verdadeiramente pós-coloniais – e no contexto global mediante a nossa contribuição para uma globalização contra-hegemónica, um novo pacto sócio-natural ou sócio-ecológico imune ao feiticismo do crescimento e, sempre no horizonte, um outro modelo civilizacional onde a humanidade se sinta toda ela em casa e a saiba partilhar com a natureza que forneceu os materiais e os imateriais para a sua construção. Por isso, e apesar de nos sentirmos sufocados pelas urgências do curto prazo, procurei mostrar no último capítulo que os nossos horizontes de médio prazo são os do mundo que partilhamos e cujo futuro também depende de nós.

A médio prazo, se não civilizarmos a economia, teremos de mudar de civilização. Em diferentes espaços-tempo, segundo ritmos e graus de ambição distintos, com recurso a gramáticas semânticas que só se reconhecem mediante tradução, os objectivos são democratizar, descolonizar, desmercadorizar. Este projecto seria ambicioso e utópico se a alternativa não fosse a guerra incivil, a catástrofe ecológica, o fascismo social montado nas costas da democracia política.

Procurei que este livro fosse uma manifestação de optimismo trágico. Trata-se da atitude que considero mais adequada para enfrentarmos os desafios que se nos colocam em Portugal ou em qualquer outra sociedade. Consiste em estarmos muito conscientes das dificuldades com que nos confrontamos, mas recusarmo-nos a admitir que não há alternativas. A consciência das dificuldades impede o facilitismo, enquanto a consciência das alternativas impede a autoflagelação. Este livro foi escrito contra esses dois vícios tão prevalecentes no nosso país.

Diário da Crise

O Crime Compensa
(*Visão*, 8 de Abril 2010)

A corrupção é um crime que compensa. Os ganhos são sedutores, os riscos de detecção não são elevados, a eventualidade de se vir a ser julgado e condenado é remota, a perda da reputação, quando ocorre, é passageira, e é quase sempre neutralizada pela "compreensível vontade" de ganhar (ou de deixar fazer) um negócio que afinal "reverte a favor" do país, da economia, da cidade, etc. Em geral, o corruptor activo ou passivo não se vê a enveredar por uma carreira criminal. Olha para a ocasião como uma oportunidade que pode não se repetir e que qualquer um na mesma situação não desperdiçaria. Durante muito tempo os polícias de investigação criminal, treinados para investigar homicidas e bandidos, tiveram dificuldade em colar a imagem de criminoso a pessoas bem vestidas e bem falantes, de classe superior à deles, muitas vezes ameaçando retaliação por via de "ligações com os de cima".

Em face disto, porque é que em certos países há tanta corrupção e noutros tão pouca? Há pouca corrupção quando se verificam três condições: cultura de distinção entre o público e o privado e prevalência do público sobre o privado; prevenção por via de uma cultura de transparência e de mecanismos de acompanhamento a par e passo dos processos onde pode ocorrer corrupção; combate eficaz ao crime quando ocorre e punição rápida e exemplar. A presença de qualquer destas condições implica leis, instituições e meios; mas implica sobretudo cultura pública de prioridade do bem comum e do Estado como principal garante dele. No nosso país não se verifica actualmente nenhuma destas condições. Nos últimos trinta anos dominou uma cultura-armadilha de instrumentalização do Estado através do discurso anti-Estado. A crítica do Estado, em vez de ter sido utilizada para criar espaços de genuína autonomia da economia e da sociedade civil – espaços que implicam riscos como condição de oportunidades – foi utilizada para criar oportunidades sem riscos mediante o recurso a um Estado-prostituto seguro que, não tendo utilidade geral, pode ser utilizado para servir interesses particulares cuja satisfação supera sempre pagamento. O PSD e o PS contribuíram por igual para a cultura da prostituição do Estado, servidos por uma bateria de comentadores e analistas conservadores que, com uma intensidade sem paralelo na Europa, foram convertendo diariamente a realidade do Estado a menos na ficção do Estado a mais. Inverter este processo durará décadas, e não há sinais de que tenha começado.

Sendo menos um crime de convicção que um crime de oportunidade, a corrupção pode ser eficazmente prevenida, reduzindo as oportunidades de ela ocorrer. As oportunidades têm lugar em quatro domínios relacionados: grandes contratos de obras e de fornecimentos do Estado, parcerias público-privado, urbanismo, financiamento dos partidos. Para qualquer destes casos há medidas de prevenção cuja eficácia está amplamente testada. Para os grandes contratos e parcerias, a criação de unidades de acompanhamento dos contratos constituída por magistrados e técnicos suficientemente especializados para saberem que uma vírgula ou um adjectivo podem significar milhões de euros. O Tribunal de Contas faz hoje fiscalização concomitante mas limitada aos aspectos jurídicos. Ora a corrupção ocorre quase sempre numa zona cinzenta entre o legal e o ilegal, a zona do alegal. Para o urbanismo, a introdução de mecanismos de democracia participativa, nomeadamente do orçamento participativo a nível municipal. Para o financiamento dos partidos, o financiamento público exclusivo.

Quando não prevenida, a corrupção pode ser eficazmente combatida pelas seguintes medidas: demissão imediata dos responsáveis dos institutos de regulação em caso de corrupção na área regulada; selectividade do combate, centrando-o na grande corrupção; criação de equipas de investigação especializadas e multidisciplinares; acesso irrestrito do MP às contas bancárias; protecção de denunciantes ou arrependidos; sistema de guarda em cofre e acesso restrito a inquéritos que atraem a violação do segredo de justiça; punição exemplar dos media por revelações indevidas que destroem prova.

Afirmar a vontade política de eliminar a corrupção e não adoptar estas medidas é pura hipocrisia.

O Fascismo Financeiro
(*Visão*, 4 de Maio 2010)

Há doze anos publiquei, a convite do Dr. Mário Soares, um pequeno texto (*Reinventar a Democracia*) que, pela sua extrema actualidade, não resisto à tentação de evocar aqui. Nele considero eu que um dos sinais da crise da democracia é a emergência do fascismo social. Não se trata do regresso ao fascismo do século passado. Não se trata de um regime político mas antes de um regime social. Em vez de sacrificar a democracia às exigências do capitalismo, promove uma versão empobrecida de democracia que torna desnecessário e mesmo inconveniente o sacrifício. Trata-se, pois, de um fascismo pluralista e, por isso, de uma forma de fascismo que nunca existiu. Identificava então cinco formas de sociabilidade fascista, uma das quais era o fascismo financeiro. E sobre este dizia o seguinte.

O fascismo financeiro é talvez o mais virulento. Comanda os mercados financeiros de valores e de moedas, a especulação financeira global, um conjunto hoje designado por economia de casino. Esta forma de fascismo social é a mais pluralista na medida em que os movimentos financeiros são o produto de decisões de investidores individuais ou institucionais espalhados por todo o mundo e, aliás, sem nada em comum senão o desejo de rentabilizar os seus valores. Por ser o fascismo mais pluralista é também o mais agressivo porque o seu espaço-tempo é o mais refractário a qualquer intervenção democrática. Significativa, a este respeito, é a resposta do corrector da bolsa de valores quando lhe perguntavam o que era para ele o longo prazo: "longo prazo para mim são os próximos dez minutos". Este espaço-tempo virtualmente instantâneo e global, combinado com a lógica de lucro especulativa que o sustenta, confere um imenso poder discricionário ao capital financeiro, praticamente incontrolável apesar de suficientemente poderoso para abalar, em segundos, a economia real ou a estabilidade política de qualquer país.

A virulência do fascismo financeiro reside em que ele, sendo de todos o mais internacional, está a servir de modelo a instituições de regulação global crescentemente importantes apesar de pouco conhecidas do público. Entre elas, as empresas de *rating*, as empresas internacionalmente acreditadas para avaliar a situação financeira dos Estados e os consequentes riscos e oportunidades que eles oferecem aos investidores internacionais. As notas atribuídas – que vão de AAA a D – são determinantes para as condições em que um país ou uma empresa de um país pode aceder ao crédito internacional. Quanto mais alta a nota, melhores as condições. Estas empresas têm um poder extraordinário. Segundo o colunista do *New York Times*, Thomas Friedman, «o mundo do pós-guerra fria tem duas superpotências, os EUA e a agência Moody's». Moody's é – uma dessas agências de *rating*, ao lado da *Standard and Poor's* e *Fitch Investors Services*. Friedman justifica a sua afirmação acrescentando que «se é verdade que os EUA podem aniquilar um inimigo utilizando o seu arsenal militar, a agência de qualificação financeira Moody's tem poder para estrangular financeiramente um país, atribuindo-lhe uma má nota».

Num momento em que os devedores públicos e privados entram numa batalha mundial para atrair capitais, uma má nota pode significar o colapso financeiro do país. Os critérios adoptados pelas empresas de *rating* são em grande medida arbitrários, reforçam as desigualdades no sistema mundial e dão origem a efeitos perversos: o simples rumor de uma próxima desqualificação pode provocar enorme convulsão no mercado de valores de um país. O poder discricionário destas empresas é tanto maior quanto lhes assiste a prerrogativa de atribuírem qualificações não solicitadas pelos países ou devedores visados. A virulência do fascismo financeiro reside no seu potencial de destruição, na sua capacidade para lançar no abismo da exclusão países pobres inteiros.

Escrevia isto a pensar nos países do chamado Terceiro Mundo. Não podia imaginar que o fosse recuperar a pensar em países da União Europeia.

Crónica de uma Tragédia Anunciada

(*Mémoire des Luttes*, 7 de Junho 2010)

A tragédia grega da Antiguidade clássica distinguiu-se por ser portadora de questões universais. As questões tinham já sido levantadas noutros lugares e por outras culturas mas tornaram-se universais ao servirem de base à cultura europeia. A actual tragédia grega não foge à regra. Identifiquemos as questões principais e as lições que delas retiramos.

Os castelos neo-feudais: da Disneylandia à eurolandia

Tudo o que se tem passado nos últimos meses na Europa do Sul ocorreu antes em muitos países do Sul global mas enquanto ocorreu no "resto do mundo" foi visto como um mal necessário imposto globalmente para corrigir erros locais e promover o enriquecimento geral do mundo. A existência de critérios duplos para os mesmos erros – a dívida externa dos EUA ultrapassa o valor total da dívida dos países europeus, africanos e asiáticos; comparada com as fraudes cometidas por Wall Street a fraude grega é um truque mal feito por falta de prática – passaram despercebidos e o mesmo aconteceu com as estratégias e decisões por parte de actores muito poderosos com vista a obter um resultado bem identificado: o empobrecimento geral dos habitantes do planeta e o enriquecimento sem sentido de uns poucos senhores neo-feudais apostados em livrarem-se dos dois obstáculos que o século passado pôs no seu caminho desvairado:

os movimentos sociais e o Estado democrático (a eliminação do terceiro obstáculo, o comunismo, fora-lhes oferecida pelos arautos do "fim da história"). A tragédia grega veio revelar tudo isso.

Está hoje relatada em detalhe (com nomes e apelidos, hora e endereço em Manhattan) uma reunião de directores de fundos especulativos de alto risco (*hedge funds*) em que foi tomada a decisão de atacar o euro através do seu elo fraco, a Grécia. Alguns dias depois, em 26 de Fevereiro de 2010, o *Wall Street Journal* dava conta do ataque em preparação. Nessa reunião participaram, entre outros, o representante do banco Goldman Sachs, que tinha sido o facilitador do sobreendividamento da Grécia e do seu disfarce, e o representante do especulador de mais êxito e menos punido da história da humanidade, George Soros, que, em 1988, conduzira o ataque à Société Générale e, em 1992, planeara o afundamento da libra esterlina (tendo ganho num dia 1000 milhões de dólares). A ideia do mercado como um ser vivente que reage e actua racionalmente deixou de ser uma contradição para passar a ser um mito: o mercado financeiro é o castelo dos senhores neo-feudais.

O que os relatos raramente mencionam é que esses investidores institucionais, reunidos em Manhattan numa noite de Fevereiro, sentiram que estavam a cumprir uma missão patriótica: liquidar a pretensão de o euro vir a rivalizar com o dólar enquanto moeda internacional. Os EUA são hoje um país insustentável sem essa prerrogativa do dólar. Se os países emergentes, os países com recursos naturais e produtores de *commodities* – que o capital financeiro há muito identificou como o novo *El Dorado* – caíssem na tentação de colocar as suas reservas em euros (como antes tentara Saddam Hussein e pelo qual pagou um preço alto), o dólar correria o risco de deixar de ser a pilhagem institucionalizada das reservas do mundo e o privilégio extraordinário de imprimir notas de dólares de pouco valeria aos EUA. O golpe foi dado com peso e medida: aos EUA interessa um euro estável na condição de tal estabilidade ser tutelada pelo dólar. É isso o que está em curso e é essa a missão do FMI. Tal como aconteceu no passado, o poder financeiro é o último a ser perdido pela potência hegemónica no sistema mundial. Na longa transição, "os interesses convergentes" são sobretudo com os países emergentes (no caso, China, Índia, Brasil) e não com o rival mais directo (o capitalismo europeu). Tudo isto foi patente na Conferência da ONU sobre a Mudança Climática realizada em Dezembro passado em Copenhaga.

A falta que o comunismo faz

Os economistas latino-americanos Óscar Ugarteche e Alberto Acosta descrevem como, em 27 de Fevereiro de 1953, foi acordada pelos credores a regularização da imensa dívida externa da então República Federal Alemã.[80] Este país obteve uma redução de 50% a 75% da dívida derivada, directa ou indirectamente, das duas guerras mundiais; as taxas de juro foram drasticamente reduzidas para entre 0 e 5%; foi ampliado o prazo para os pagamentos; o cálculo do serviço da dívida foi definido em função da capacidade de pagamento da economia alemã e, portanto, vinculado ao processo de reconstrução do país. A definição de tal capacidade foi entregue ao banqueiro alemão Herman Abs que presidia à delegação alemã nas negociações. Foi criado um sistema de arbitragem ao qual nunca se recorreu dadas as vantajosas condições oferecidas ao devedor.

Este acordo teve muitas justificações mas a menos comentada foi a necessidade de, em pleno período da Guerra Fria, levar o êxito do capitalismo até bem perto da Cortina de Ferro. O mercado financeiro tinha então, tal como hoje, motivações políticas;

[80] Ugarteche, Óscar e Acosta, Alberto, *Repensando una propuesta global para un problema global* (http://alainet.org/active/38038; http://www.erlassjahr.de/themen/schiedsverfahren-ftap/veroeffentlichungen/tiads.html, acedidos em 11 de Maio de 2010).

só que as de então eram muito diferentes das de hoje e em boa parte a diferença explica-se pelo facto de a democracia liberal se ter tornado no *energy drink* do capitalismo, que aparentemente o torna invencível (só não o defende de si próprio, como já profetizou Schumpeter). Ângela Merkel nasceria um ano depois e só depois de 1989 viria a conhecer em primeira-mão o mundo do lado de cá da Cortina. Nasceu politicamente a beber essa *energy drink*, o que, combinado com a militante ignorância da história que o capitalismo impõe aos políticos, transforma a sua falta de solidariedade para com o projecto europeu num acto de coragem política. Sessenta anos depois da "Declaração de Interdependência" de Robert Schuman e Jean Monet, a guerra continua a "ser impensável e materialmente impossível", mas, parafraseando Clausewitz, interrogamo-nos sobre se a guerra não está a voltar por outros meios.

O Estado como imaginação do Estado

Tenho vindo a escrever que a regulação moderna ocidental assenta em três pilares: o princípio do mercado, o princípio do Estado e o princípio da comunidade.[81] Estes três princípios (sobretudo os dois primeiros) têm historicamente alternado no protagonismo em definir a lógica da regulação. Tem sido convencionalmente entendido que a regulação social do período do pós-guerra até 1980 foi dominada pelo princípio do Estado e que de então para cá passou a dominar o princípio do mercado, o que se convencionou chamar neoliberalismo. Muitos viram na crise do *subprime* e da debacle financeira da 2008 o regresso do princípio do Estado e o consequente fim do neoliberalismo. Esta conclusão foi precipitada. Deveria ter funcionado como alerta a rapidez com que os mesmos actores que, durante a noite neoliberal,

[81] Santos, Boaventura de Sousa, *Toward a New Common Sense: Law, Science and Politics in the Paradigmatic Transition.* Nova Iorque: Routledge, 1995.

consideraram o Estado como o " Grande Problema", passaram a considerar o Estado como a "Grande Solução". A verdade é que, nos últimos trinta anos, o princípio do mercado colonizou de tal maneira o princípio do Estado que este passou a funcionar como um *ersatz* do mercado. Por isso, o Estado que era problema era muito diferente do Estado que veio a ser a solução. A diferença passou despercebida porque só o Estado sabe imaginar-se como Estado independentemente do que faz enquanto Estado. O sintoma mais evidente desta colonização foi a adopção da doutrina neoliberal por parte da esquerda europeia e mundial, o que a deixou desarmada e desprovida de alternativas quando a crise eclodiu. Daí, o triunfo da direita sobre as ruínas da devastação social que criara. Daí, que os governos socialistas da Grécia, Portugal e Espanha achem mais natural reduzir os salários e as pensões do que tributar as mais-valias financeiras ou eliminar os paraísos fiscais. Daí, finalmente, que a União Europeia ofereça o maior resgate do capital financeiro da história moderna sem impor a estrita regulação do sistema financeiro.

O fascismo dentro da democracia

Nos anos 20 do século passado, depois de uma longa estadia em Itália, José Mariátegui, grande intelectual e líder marxista peruano, considerava que a Europa daquele tempo se caracterizava pela aparição de duas violentas negações da democracia liberal: el comunismo y el fascismo (s/d [1929]: 113)[82]. Cada uma à sua maneira tentaria destruir a democracia liberal. Passado um século, podemos dizer que, no nosso tempo, as duas negações da democracia liberal – que hoje chamaríamos socialismo e fascismo – não enfrentam a democracia a partir de fora; enfrentam-na a partir de dentro. As forças socialistas são hoje particularmente visíveis no continente latino-americano e afirmam-se como

[82] Mariátegui, José Carlos (sd.[1925]). *Ensayos escogidos*. Lima: Editorial Universo.

revoluções de novo tipo: a revolução bolivariana (Venezuela), a revolução cidadã (Equador), a revolução comunitária (Bolívia). Comum a todas elas é o facto de terem emergido de processos eleitorais próprios da democracia liberal. Em vez de negar a democracia liberal, enriquecem-na com outras formas de democracia: a democracia participativa e a democracia comunitária. Se considerarmos a democracia liberal um dispositivo político hegemónico, as lutas socialistas de hoje configuram um uso contra-hegemónico de um instrumento hegemónico.

Por sua vez, as forças fascistas actuam globalmente para mostrar que só é viável uma democracia de muito baixa intensidade (sem capacidade de redistribuição social), confinada à alternativa: ser irrelevante (não afectar os interesses dominantes) ou ser ingovernável. Em vez de promover o fascismo político promovem o fascismo social. Não se trata do regresso ao fascismo do século passado. Não se trata de um regime político mas antes de um regime social. Em vez de sacrificar a democracia às exigências do capitalismo, promove uma versão empobrecida de democracia que torna desnecessário e mesmo inconveniente o sacrifício. Trata-se, pois, de um fascismo pluralista e, por isso, de uma forma de fascismo que nunca existiu. O fascismo social é uma forma de sociabilidade em que as relações de poder são tão desiguais que a parte mais poderosa adquire um direito de veto sobre as condições de sustentabilidade da vida da parte mais fraca. Quem está sujeito ao fascismo social não vive verdadeiramente em sociedade civil; vive antes num novo estado de natureza, a sociedade civil in-civil.

Uma das formas de sociabilidade fascista é o fascismo financeiro, hoje em dia talvez o mais virulento.[83] Quando o orçamento do Estado fica exposto à especulação financeira – como sucede agora nos países do sul da Europa – as regras de jogo democrático

[83] Sobre este tema veja-se a minha crónica, *O Fascismo Financeiro* (*Visão*, 4 de Maio 2010) reproduzida acima.

que ele reflecte tornam-se irrelevantes, a estabilidade das expectativas que elas promovem desfaz-se no ar.

Tudo o que é sólido se desfaz no ar

É bem conhecido o modo como o Manifesto Comunista de 1848 descreve a incessante revolução dos instrumentos de produção por parte da burguesia: "Tudo o que é sólido se desfaz no ar, tudo o que era sagrado é profanado, e as pessoas são finalmente forçadas a encarar friamente sua posição social e suas relações mútuas". Quando a usurpação da política por parte de uma econopolícia selvagem atinge os lugares sagrados da democracia, dos direitos humanos, do contrato social e do primado do direito, que até há pouco serviam de santuário de peregrinação para os povos de todo o mundo, a perturbação e o desassossego são o que resta da solidez. A grande incógnita é de saber até que ponto o empobrecimento do mundo e da democracia produzido pelo casino financeiro vai continuar a ocorrer dentro do marco democrático, mesmo de baixa intensidade. Podemos esquecer Mariátegui?

Cidadãos Europeus, Uni-vos!

(*Visão*, 3 de Junho 2010)

Os dados estão lançados, o jogo é claro e quanto mais tarde identificarmos as novas regras mais elevado será o custo para os cidadãos europeus. A luta de classes está de volta à Europa e em termos tão novos que os actores sociais estão perplexos e paralisados. Enquanto prática política, a luta de classes entre o trabalho e o capital nasceu na Europa e, depois de muitos anos de confrontação violenta, foi na Europa que ela foi travada com mais equilíbrio e onde deu frutos mais auspiciosos. Os adversários verificaram que a institucionalização da luta seria mutuamente vantajosa: o capital consentiria em altos níveis de tributação e de intervenção do Estado em troca de não ver a sua prosperidade ameaçada; os trabalhadores conquistariam importantes direitos sociais em troca de desistirem de uma alternativa socialista. Assim surgiram a concertação social e seus mais invejáveis resultados: altos níveis de competitividade indexados a altos níveis de protecção social; o modelo social europeu e o Estado Providência; a possibilidade, sem precedentes na história, de os trabalhadores e suas famílias poderem fazer planos de futuro a médio prazo (educação dos filhos, compra de casa); a paz social; o continente com os mais baixos níveis de desigualdade social.

Todo este sistema está à beira do colapso e os resultados são imprevisíveis. O relatório que o FMI acaba de divulgar sobre a economia espanhola é uma declaração de guerra: o acumulo histórico das lutas sociais, de tantas e tão laboriosas negociações e de equilíbrios tão duramente obtidos, é lançado por terra com inaudita arrogância e a Espanha é mandada recuar décadas na sua história: reduzir drasticamente os salários, destruir o sistema de pensões, eliminar direitos laborais (facilitar despedimentos, reduzir indemnizações). A mesma receita será imposta a Portugal, como já foi à Grécia, e a outros países da Europa, muito para além da Europa do Sul. A Europa está a ser vítima de uma OPA por parte do FMI, cozinhada pelos neoliberais que dominam a União Europeia, de Merkel a Barroso, escondidos atrás do FMI para não pagarem os custos políticos da devastação social.

O senso comum neoliberal diz-nos que a culpa é da crise, que vivemos acima das nossas posses e que não há dinheiro para tanto bem-estar. Mas qualquer cidadão comum entende isto: se a FAO calcula que 30 mil milhões de dólares seriam suficientes para resolver o problema da fome no mundo e os governos insistem em dizer que não há dinheiro para isso, como se explica que, de repente, tenham surgido 900 mil milhões para salvar o sistema financeiro europeu? A luta de classes está a voltar sob uma nova forma mas com a violência de há cem anos: desta vez, é o capital financeiro quem declara guerra ao trabalho.

O que fazer? Haverá resistência mas esta, para ser eficaz, tem de ter em conta dois factos novos. Primeiro, a fragmentação do trabalho e a sociedade de consumo ditaram a crise dos sindicatos. Nunca os que trabalham trabalharam tanto e nunca lhes foi tão difícil identificarem-se como trabalhadores. A resistência terá nos sindicatos um pilar mas ele será bem frágil se a luta não for partilhada em pé de igualdade por movimentos de mulheres, ambientalistas, de consumidores, de direitos humanos, de imigrantes, contra o racismo, a xenofobia e a homofobia. A crise atinge todos porque todos são trabalhadores. Segundo, não há economias nacionais na Europa e, por isso, a resistência ou é europeia ou não existe. As lutas nacionais serão um alvo fácil dos que clamam pela governabilidade ao mesmo tempo que desgovernam. Os movimentos e as organizações de toda a Europa têm de se articular para mostrar aos governos que a estabilidade dos mercados não pode ser construída sobre as ruínas da estabilidade das vidas dos cidadãos e suas famílias. Não é o socialismo; é a demonstração de que ou a UE cria as condições para o capital produtivo se desvincular relativamente do capital financeiro ou o futuro é o fascismo e terá que ser combatido por todos os meios.

Um Presidente Insustentável?
(*Visão*, 28 de Junho 2010)

As declarações do Presidente da República sobre a situação do país, que declarou insustentável, são difíceis de aceitar e causariam repulsa pública se os portugueses ainda dessem muita atenção aos dirigentes políticos e se os meios de comunicação não estivessem dominados por comentadores conservadores. O ritmo pausado contribui para conferir solenidade e finalidade à verdade do discurso, fazendo-a passar por discurso da verdade, uma verdade parida pela sabedoria oracular e registada na página da internet da presidência da República.

Os portugueses sabem por experiência que vivem momentos difíceis e que essas dificuldades são o resultado de uma acumulação de factores nacionais, europeus e globais. No que respeita aos factores nacionais, a acumulação vem de longe. Tudo começou quando os fundos estruturais e de coesão, depois de contribuírem para a necessária infra-estruturação física do país, ficaram reféns dos lóbis do betão e se descurou o investimento na educação, na formação, na criação de um sistema nacional de ciência, na diminuição das desigualdades sociais de modo a que os ganhos de produtividade se transformassem em bem-estar dos portugueses. Ora, os governos de Cavaco Silva contribuíram para este desvio fatídico. A formação profissional foi entregue à corrupção generalizada; iniciou-se o desinvestimento nas universidades públicas, sujeitando-as à pilhagem dos seus recursos para alimentar os aviários universitários que então proliferaram; em termos de desigualdade social, o país era mais injusto em 1995 que em 1990 (e mais que em 1980). O que é hoje "insustentável" começou a sê-lo há muito, e nesse processo Cavaco Silva foi mais parte do problema do que da solução.

Quanto aos factores europeus, os portugueses sabem que a Europa está num momento de bifurcação: ou se desagrega ou se transforma numa Europa federal ou confederal, com partilha democrática de custos e benefícios, de políticas e aspirações. A segunda opção é a única desejável e só se realiza quando os cidadãos europeus a assumirem como sua e disserem "Basta!" à transformação da crise real em pretexto mal disfarçado para destruir todos os direitos sociais por que lutaram, com tanto sangue vertido, ao longo de todo o século XX. Quanto aos factores globais, os portugueses começam a saber que a União Europeia se deixou minar pelo capitalismo financeiro global. O FMI é uma instituição nefasta que os EUA não deixaram intervir no país durante a crise mas que a UE acolhe como um imenso cavalo de Tróia em cujo bojo se escondem os bancos alemães e franceses à espera que lhes sejam pagos empréstimos feitos a juros confiscatórios. Com objectivos convergentes, foi permitido às agências de análise de risco converter os orçamentos nacionais em campos de apostas para o casino financeiro. Tais agências são peritas em utilizar as afirmações irresponsáveis dos responsáveis políticos "locais" para transformar em realidade as especulações em que assentam as suas previsões. Objectivamente, o PR recomenda às agências que obriguem os portugueses a confiarem no mercado financeiro e a confiarem tanto mais quanto menos o mercado confiar neles. Isto, sim, é insustentável!

Por que razão tudo isto, sendo claro, escapa ao PR? Porque está em campanha eleitoral, tendo deixado de fazer política de Estado para passar a fazer política partidária, e querendo testar a sensibilidade dos media para o apoiarem e ao seu relutante partido. Os resultados mostram que tem razões para se sentir confiante. Tragicamente, a sua confiança é construída à custa da destruição imprudente e injusta da confiança dos portugueses no país e no mundo em que vivem, o que é particularmente grave num período de crise. Mas a cegueira eleitoral é assim mesmo, tanto mais selectiva quando menos o devia ser. Ao PR escapa que os portugueses podem começar a pensar que ele quer acima de tudo ser reeleito, pouco lhe importando se é reeleito presidente de um país ou presidente de uma ruína de país.

A Revolução Silenciosa

(*Diário Económico*, 14 de Julho 2010)

O Estado da Nação é heterogéneo e não pode ser discutido com base em 'slogans' fáceis e negativos de deterioração e miserabilismo, criando a ideia de que nada pode dar certo em Portugal. Neste debate do Estado da Nação vão abundar as más notícias. É assim actualmente em toda a Europa e Portugal não será excepção. Mas gostava de enfatizar uma boa notícia que tem a ver com o investimento em ciência, investigação, desenvolvimento e formação avançada. Portugal é um dos países europeus com avanços mais significativos nesta área.

O investimento em investigação científica representava, em 1980, 0,28% do PIB, em 2005 cresceu para 0,81% do PIB e em 2008 chegou a 1,55% do PIB. Se verificarmos que metade deste investimento é realizado por empresas, temos de facto aqui um muito bom sinal. A Agenda 2020 da EU estabelece como meta para os países da UE 3% do PIB em despesas de investigação. Portugal está em condições de atingir esta meta, o que é muito bom para requalificar a especialização económica do nosso país.

Outro aspecto relevante é o do número de investigadores: em 2008 tínhamos 7,2 investigadores por mil activos, quando a média da União Europeia é de 6 por mil e a da OCDE, 8 por mil. Em sintonia com isto o número de doutoramentos por ano sofreu um aumento dramático na última década: em 1990 esse número era 337 e em 2008, 1.500. Mas há mais: o índice de citações de artigos científicos de investigadores portugueses

('Science Citation Index') também aumentou: 3.906 citações em 2004 contra 7.470 citações em 2009. O que revela a crescente presença de portugueses na comunidade científica internacional. Por último, o número de patentes portuguesas submetidas a registo no European Patent Office era de apenas três em 1980, passou a 58 em 2006 e subiu para 165 em 2008.

Tudo isto é o resultado do notável investimento em ciência dos últimos dez anos. Nos "Encontros com a Ciência 2010" realizados nos passados dias 4 a 7 de Julho, o primeiro-ministro e o ministro da Ciência e Ensino Superior confirmaram que não haverá cortes nas áreas da ciência e investigação. Excelente notícia. É crucial manter esta política pois, sendo difícil criar um ritmo e uma dinâmica positivos na ciência, é muito fácil destruí-los.

Estas boas notícias ocorrem num conjunto de más notícias. Por exemplo, os cortes nas políticas sociais podem lançar na pobreza muitos portugueses. Quando sabemos que 40% dos trabalhadores portugueses levam para casa limpos por mês 600 euros ou menos e que 67% dos pensionistas ganham até 435 euros é fácil concluir que temos uma faixa muito alta da população em perigo de cair na pobreza.

A Ditamole

(*Visão*, 21 de Outubro 2010)

Se nada fizermos para corrigir o curso das coisas, dentro de alguns anos se dirá que a sociedade portuguesa viveu, entre o final do século XX e começo do século XXI, um luminoso mas breve interregno democrático. Durou menos de quarenta anos, entre 1974 e 2010. Nos quarenta e oito anos que precederam a revolução de 25 de Abril de 1974, viveu sob uma ditadura civil nacionalista, personalizada na figura de Oliveira Salazar. A partir de 2010, entrou num outro período de ditadura civil, desta vez internacionalista e despersonalizada, conduzida por uma entidade abstracta chamada "mercados". As duas ditaduras começaram por razões financeiras e depois criaram as suas próprias razões para se manterem. Ambas conduziram ao empobrecimento do povo português, que deixaram na cauda dos povos europeus. Mas enquanto a primeira eliminou o jogo democrático, destruiu as liberdades e instaurou um regime de fascismo político, a segunda manteve o jogo democrático mas reduziu ao mínimo as opções ideológicas, manteve as liberdades mas destruiu as possibilidades de serem efectivamente exercidas e instaurou um regime de democracia política combinado com fascismo social. Por esta razão, a segunda ditadura pode ser designada como ditamole.

Os sinais mais preocupantes da actual conjuntura são os seguintes. Primeiro, está a aumentar a desigualdade social numa sociedade que é já a mais desigual da Europa. Entre 2006 e 2009 aumentou em 38,5% o número de trabalhadores por conta de outrem abrangidos pelo salário mínimo (450 euros): são agora 804.000, isto é, cerca de 15% da população activa; em 2008, um pequeno grupo de cidadãos ricos (4051 agregados fiscais) tinham um rendimento semelhante ao de um vastíssimo número de cidadãos pobres (634.836 agregados fiscais). Se é verdade que as democracias europeias valem o que valem as suas classes médias, a democracia portuguesa pode estar a cometer o suicídio. Segundo, o Estado social, que permite corrigir em parte os efeitos sociais da desigualdade, é em Portugal muito débil e mesmo assim está sob ataque cerrado. A opinião pública portuguesa está a ser intoxicada por comentaristas políticos e económicos conservadores – dominam os média como em nenhum outro país europeu – para quem o Estado social se reduz a impostos: os seus filhos são educados em colégios privados, têm bons seguros de saúde, sentir-se-iam em perigo de vida se tivessem que recorrer "à choldra dos hospitais públicos", não usam transportes públicos, auferem chorudos salários ou acumulam chorudas pensões. O Estado social deve ser abatido. Com um sadismo revoltante e um monolitismo ensurdecedor, vão insultando os portugueses empobrecidos com as ladainhas liberais de que vivem acima das suas posses e que a festa acabou. Como se aspirar a uma vida digna e decente e comer três refeições mediterrânicas por dia fosse um luxo repreensível. Terceiro, Portugal transformou-se numa pequena ilha de luxo para especuladores internacionais. Fazem outro sentido os actuais juros da dívida soberana num país do euro e membro da UE? Onde está o princípio da coesão do projecto europeu? Para gáudio dos trauliteiros da desgraça nacional, o FMI já está cá dentro e em breve, aquando do PEC 4 ou 5, anunciará o que os governantes não querem anunciar: que *este* projecto europeu acabou.

Inverter este curso é difícil mas possível. Muito terá de ser feito a nível europeu e a médio prazo. A curto prazo, os cidadãos terão de dizer basta! Ao fascismo difuso instalado nas suas vidas e reaprender a defender a democracia e a solidariedade tanto nas ruas como nos parlamentos. A greve geral será tanto mais eficaz quanto mais gente vier para a rua manifestar o seu protesto. O crescimento ambientalmente sustentável, a promoção do emprego, o investimento público, a justiça fiscal, a defesa do Estado social terão de voltar ao vocabulário político através de entendimentos eficazes entre o Bloco de Esquerda, o PCP e os socialistas que apoiam convictamente o projecto alternativo de Manuel Alegre.

História da Austeridade
(*Visão*, 15 de Novembro 2010)

Quem tomar por realidade o que lhe é servido como tal pela espuma diária dos discursos do Governo e de boa parte da oposição, bem como das análises dos comentadores conservadores e de boa parte dos progressistas, tenderá a ter sobre a crise económica e financeira e sobre o modo como ela se repercute na sua vida as seguintes ideias: todos somos culpados da crise porque todos, cidadãos, empresas e Estado, vivemos acima das nossas posses e endividámo-nos em excesso; as dívidas têm de ser pagas e o Estado deve dar o exemplo; como subir os impostos agravaria a crise, a única solução será cortar as despesas do Estado reduzindo os serviços públicos, despedindo funcionários, reduzindo os seus salários e eliminando prestações sociais; estamos num período de austeridade que chega a todos e para a enfrentar temos que aguentar o sabor amargo de uma festa em que nos arruinámos e agora acabou; as diferenças ideológicas já não contam, o que conta é o imperativo de salvação nacional, e os políticos e as políticas têm de se juntar num largo consenso, bem no centro do espectro político.

Esta "realidade" é tão evidente que constitui um novo senso comum. E, no entanto, ela só é real na medida em que encobre bem outra realidade de que o cidadão comum tem, quando muito, uma ideia difusa e que reprime para não ser chamado ignorante, pouco patriótico ou mesmo louco. Essa outra realidade diz-nos o seguinte. A crise foi provocada por um sistema financeiro empolado, desregulado, chocantemente lucrativo e tão poderoso que, no momento em que explodiu e provocou um imenso buraco financeiro na economia mundial, conseguiu convencer os Estados a salvá-lo da bancarrota e a encher-lhe os cofres sem lhes pedir contas. Com isto, os Estados, já endividados, endividaram-se mais, tiveram de recorrer ao sistema financeiro que tinham acabado de resgatar e este, porque as regras de jogo não foram entretanto alteradas, decidiu que só emprestaria dinheiro nas condições que lhe garantissem lucros fabulosos até à próxima explosão. A preocupação com as dívidas é importante mas, se todos devem (famílias, empresas e Estado) e ninguém pode gastar, quem vai produzir, criar emprego e devolver a esperança às famílias? Neste cenário, o futuro inevitável é a recessão, o aumento do desemprego e a miséria de quase todos. A história dos anos de 1930 diz-nos que a única solução é o Estado investir, criar emprego, tributar os super-ricos, regular o sistema financeiro. E quem fala de Estado, fala de conjuntos de Estados, como a União Europeia. Só assim a austeridade será para todos e não apenas para as classes trabalhadoras e médias que mais dependem dos serviços do Estado.

Porque é que esta solução não parece hoje possível? Por uma decisão política dos que controlam o sistema financeiro e, indirectamente, os Estados. Consiste em enfraquecer ainda mais o Estado, liquidar o Estado de bem-estar, debilitar o movimento operário ao ponto de os trabalhadores terem de aceitar trabalho nas condições e com a remuneração unilateralmente impostas pelos patrões. Como o Estado tende a ser um empregador menos autónomo e como as prestações sociais são feitas através de serviços públicos, o ataque deve ser centrado na função pública e nos que mais dependem dos serviços públicos. Para os que neste momento controlam o sistema financeiro é prioritário que os trabalhadores deixem de exigir uma parcela decente do rendimento nacional, e para isso é necessário eliminar todos os direitos que conquistaram depois da segunda guerra mundial. O objectivo é voltar à política de classe pura e dura, ou seja, ao século XIX.

A política de classe conduz inevitavelmente à confrontação social e à violência. Como mostram bem as recentes eleições nos EUA, a crise económica, em vez de impelir as divergências ideológicas a dissolverem-se no centro político, acicata-as e empurra-as para os extremos. Os políticos centristas seriam prudentes se pensassem que na vigência do modelo que agora domina não há lugar para eles. Ao abraçarem o modelo estão a cometer suicídio.

O Que está em Causa

(*Visão*, 13 de Janeiro 2011)

Portugal é um pequeno barco num mar agitado. Exigem-se bons timoneiros mas se o mar for excessivamente agitado não há barco que resista, mesmo num país que séculos atrás andou à descoberta do mundo em cascas de noz. A diferença entre então e agora é que o Adamastor era um capricho da natureza, depois da borrasca era certa a bonança e só isso tornava "realista" o grito de confiança nacionalista, do "Aqui ao leme sou mais que eu...". Hoje, o Adamastor é um sistema financeiro global, controlado por um punhado de grandes investidores institucionais e instituições satélites (Banco Mundial, FMI, agências de notação) que têm o poder de distribuir as borrascas e as bonanças a seu bel-prazer, ou seja, borrascas para a grande maioria da população do mundo, bonanças para eles próprios. Só isso explica que os 500 indivíduos mais ricos do mundo tenham uma riqueza igual à da dos 40 países mais pobres do mundo, com uma população de 416 milhões de habitantes. Depois de décadas de "ajuda ao desenvolvimento" por parte do BM e do FMI, um sexto da população mundial vive com menos de 77 cêntimos por dia.

O que vai acontecer a Portugal (no seguimento do que aconteceu à Grécia e à Irlanda e irá acontecer à Espanha, e talvez não fique por aí) aconteceu já a muitos países em desenvolvimento. Alguns resistiram às "ajudas" devido à força de líderes políticos nacionalistas (caso da Índia), outros rebelaram-se pressionados pelos protestos sociais (Argentina) e forçaram a reestruturação da dívida. Sendo diversas as causas dos problemas enfrentados pelos diferentes países, a intervenção do FMI teve sempre o mesmo objectivo: canalizar o máximo possível do rendimento do país para o pagamento da dívida. No nosso contexto, o que chamamos "nervosismo dos mercados" é um conjunto de especuladores financeiros, alguns com fortes ligações a bancos europeus, dominados pela vertigem de ganhar rios de dinheiro apostando na bancarrota do nosso país e ganhando tanto mais quanto mais provável for esse desfecho. E se Portugal não puder pagar? Bem, isso é um problema de médio prazo (pode ser semanas ou meses). Depois se verá, mas uma coisa é certa: "as justas expectativas dos credores não podem ser defraudadas". Longe de poder ser acalmado, este "nervosismo" é alimentado pelas agências de notação: baixam a nota do país para forçar o Governo a tomar certas medidas restritivas (sempre contra o bem-estar das populações); as medidas são tomadas, mas como tornam mais difícil a recuperação económica do país (que permitiria pagar a dívida), a nota volta a baixar. E assim sucessivamente até à "solução da crise", que pode bem ser a eclosão da mais grave crise social dos últimos oitenta anos.

Qualquer cidadão com as naturais luzes da vida, perguntará, como é possível tanta irracionalidade? Viveremos em democracia? As várias declarações da ONU sobre os direitos humanos são letra morta? Teremos cometidos erros tão graves que a expiação não se contenta com os anéis e exige os dedos, se não mesmo as mãos? Ninguém tem uma resposta clara para estas questões mas um reputado economista (Prémio Nobel da Economia em 2001), que conhece bem o anunciado visitante, FMI, escreveu a respeito deste o seguinte: "as medidas impostas pelo FMI falharam mais vezes do que as em que tiveram êxito...Depois da crise asiática de 1997, as políticas do FMI agravaram as crises na Indonésia e na Tailândia. Em muitos países, levaram à fome e à confrontação social; e mesmo quando os resultados não foram tão sombrios e conseguiram promover algum crescimento depois de algum tempo, frequentemente os benefícios foram desproporcionadamente para os de cima, deixando os de baixo mais pobres que antes. O que me espantou foi que estas políticas não fossem questionadas por quem tomava as decisões...Subjacente aos problemas do FMI e de outras instituições económicas internacionais é o problema de governação: quem decide o que fazem?" (Joseph Stiglitz, *Globalization and its Discontents,* 2002).

Haverá alternativa? Deixo este tema para a próxima crónica.

Poderá o Ocidente Aprender?

(*Visão*, 10 de Fevereiro 2011)

Está a realizar-se em Dakar o XI Fórum Social Mundial (FSM). É a segunda vez que se reúne em África (a primeira foi em 2007 em Nairobi), o que revela o interesse dos seus organizadores em chamar a atenção para os problemas africanos e para o impacto que eles terão no mundo. Mal podiam supor que, ao tempo da realização do Fórum, o Norte de África estivesse no centro dos noticiários mundiais e os protestos sociais contra a crise económica e as ditaduras apoiadas pelo Ocidente fossem tão vigorosos, tão contagiantes e tão assentes num dos princípios básicos do FSM, o da radicalização da democracia como instrumento de transformação social.

A solidariedade do FSM com as lutas sociais no Norte de África tem raízes e razões que escapam aos média ocidentais ou que estes abordam em termos que revelam a dupla dificuldade do Ocidente em aprender com as experiências do mundo e em ser fiel aos princípios e valores de que se diz guardião. O FSM tem vindo a alertar, desde a sua criação, para a insustentabilidade económica, social, política, energética e ambiental do actual modelo económico neoliberal, dominado pelo capital financeiro desregulado, e para o facto de os custos mundiais daqui decorrentes não se confinarem aos países menos desenvolvidos. A agitação social no Norte de África tem uma das suas raízes na profunda crise económica que a região atravessa. Os protestos sociais das últimas semanas no Egipto não se podem compreender sem as greves no sector têxtil dos últimos três anos, as quais, apesar de violentamente reprimidas, não mereceram a atenção mediática ocidental. Dez anos depois de o FSM ter alertado para o facto, o Fórum Económico Mundial (FEM), reunido há semanas em Davos, veio declarar que o agravamento das desigualdades sociais é o risco mais grave (mais grave que o risco da degradação ambiental) que o mundo corre nas próximas décadas. O que o FEM não diz é que tal risco decorre das políticas económicas que ele defendeu ao longo de toda a década. Com um bom clube de ricos, pode ter assomos de má consciência, mas não pode pôr em causa a sua escandalosa acumulação de riqueza.

Vista do FSM, a crise do Norte de África significa o colapso da segunda fronteira da Europa desenvolvida. A primeira é constituída pela Grécia, Portugal, Espanha e Irlanda. Com as duas fronteiras em crise, o centro torna-se frágil e o "material" do eixo franco-alemão pode passar em breve do aço ao plástico. Mais profundamente, a história mostra que a estabilidade e a prosperidade da Europa começa e acaba no Mediterrâneo. Por que é que o Ocidente (Europa e América do Norte) não aprende com a história e os factos? Para o FSM, o Ocidente só aprenderá quando o que se passa nas periferias se parecer demasiado com o que se passa no centro. Talvez não tarde muito, e o problema é que pode ser então demasiado tarde para aprender.

A solidariedade do FSM com o Norte de África tem uma outra raiz: o respeito incondicional pela sua aspiração democrática. Neste domínio a hipocrisia do Ocidente não tem limites. O seu objectivo é garantir a transição pacífica de uma ditadura pró-americana, pró-israelita, a favor da ocupação colonial da Palestina por parte de Israel, anti-iraniana, a favor da livre circulação do petróleo, pró-bloqueio à faixa de Gaza, anti-Hamas, a favor da divisão Fatah/Hamas para uma democracia com as mesmas características. Só assim se explica a obsessão em detectar fundamentalistas nos protestos e em falsificar a natureza política e social da Irmandade Islâmica. Os interesses de Israel e do petróleo não permitirão ao Ocidente ser alguma vez coerente nesta região do mundo com os princípios que proclama. Não aprendeu com os 100 000 mortos que resultaram da anulação (a que deu entusiástico apoio) da vitória democrática da Frente de Salvação Islâmica nas eleições da Argélia em 1991. Nem aprendeu com a conversão da faixa de Gaza no mais repugnante campo de concentração em resultado do não reconhecimento da vitória eleitoral do Hamas em 2006. Será que o Ocidente só aprenderá quando for pós-ocidental?

Quem Quer Eleições?
(*Público*, 23 de Março 2011)

Há momentos na história dos países democráticos em que a democracia só pode ser resgatada por via referendária. Isso ocorre quando convergem duas condições: a distância entre representantes e representados atinge proporções muito elevadas e o que está em jogo põe em perigo o bem-estar colectivo muito para além das divisões partidárias. Penso que estas duas condições estão presentes na actual situação política do país. As medidas de austeridade e o modo como foram impostas criaram um fosso de credibilidade muito profundo entre os cidadãos e o PS. Mas, ao contrário do que se pode supor, criaram-no também em relação ao PSD pois este, não só esteve de acordo até há bem pouco tempo com as medidas, como não apresenta (e os portugueses sabem que não pode apresentar) nenhuma alternativa real. Os portugueses estão chocados não apenas com as medidas de austeridade como sobretudo com o facto de as decisões nacionais terem sido sequestradas por uma Europa, que bem na lógica neoliberal, considera que os países pobres são pobres por culpa própria e não porque foram empobrecidos num sistema de relações sistémicas que lhes foram desfavoráveis. Neste contexto, as eleições são irrelevantes e até podem ser prejudiciais quando se aprofundam as contradições da política europeia e se abre um espaço de manobra que só um governo em plenas funções pode explorar eficazmente a favor do país. Não admira que nem empresários nem trabalhadores estejam interessados em eleições.

Não é preciso ser sociólogo para prever que se se fizesse um referendo hoje, a esmagadora maioria dos portugueses seria contra a realização de eleições. Porque se vão então realizar? Primeiro, porque, na impossibilidade da realização do referendo, competiria ao Presidente da Republica assumir a vontade do país e chamar os partidos à razão. Mas, infelizmente, Cavaco Silva é mais parte do problema do que da solução. Segundo, porque uma pequena fracção da classe política, dentro do PSD, pretende não perder a oportunidade de chegar ao poder, não por mérito próprio, mas pela exploração da fragilidade e desorientação dos portugueses. Que o possa fazer impunemente e até com êxito é a prova da baixa intensidade da nossa democracia. Sempre centrada nos seus próprios interesses e com total desprezo pelos dos portugueses, esta fracção tem a seu favor os seguintes argumentos. O PS é um deserto ideológico e por isso a vulnerabilidade do líder significa a vulnerabilidade do "projecto". É um partido sem condições para discutir a sua rendição e só a lógica do voto útil o salvará de uma catástrofe. O CDS é um catador de migalhas políticas e estará disponível para tudo, diga o que disserem os seus dirigentes. O Bloco de Esquerda cometeu o erro histórico de pensar que havia em Portugal espaço para mais um partido catalizador do voto de protesto e do ressentimento. De facto, só há espaço para um partido e esse é o PCP, que, aliás, o tem ocupado de modo exemplar. Não foi totalmente por culpa do PS que se perdeu a oportunidade histórica de criar uma verdadeira alternativa de esquerda com vocação de poder.

Os portugueses vão passar por um período em que vão ser objectos da política. Mas, como já sugerido pelas manifestações de 12 de Março, não tardará que venham a reivindicar ser, de novo, sujeitos da política.

Inconformismo e Criatividade

(*Visão*, 7 de Abril 2011)

É hoje consensual que o capitalismo necessita de adversários credíveis que actuem como correctivos da sua tendência para a irracionalidade e para a auto-destruição, a qual lhe advém da pulsão para funcionalizar ou destruir tudo o que pode interpor-se no seu inexorável caminho para a acumulação infinita de riqueza, por mais anti-sociais e injustas que sejam as consequências. Durante o século XX esse correctivo foi a ameaça do comunismo e foi a partir dela que, na Europa, se construiu a social-democracia (o modelo social europeu e o direito laboral). Extinta essa ameaça, não foi até hoje possível construir outro adversário credível a nível global. Nos últimos trinta anos, o FMI, o Banco Mundial, as agências de *rating* e a desregulação dos mercados financeiros têm sido as manifestações mais agressivas da pulsão irracional do capitalismo. Têm surgido adversários credíveis a nível nacional (muitos países da América Latina) e, sempre que isso ocorre, o capitalismo recua, retoma alguma racionalidade e reorienta a sua pulsão irracional para outros espaços. Na Europa, a social-democracia começou a ruir no dia em que caiu o Muro de Berlim. Como não foi até agora possível reinventá-la, o FMI intervém hoje na Europa como em casa própria.

Poderá surgir em Portugal algum adversário credível capaz de impedir que o país seja levado à bancarrota pela irracionalidade das agências de *rating* apostadas em produzir a realidade que serve os interesses dos especuladores financeiros que as controlam com o objectivo de pilhar a nossa riqueza e devastar as bases da coesão social? É possível imaginar duas vias por onde pode surgir um tal adversário. A primeira é a via institucional: líderes democraticamente eleitos reúnem o consenso das classes populares (contra os media conservadores e os economistas encartados) para praticar um acto de desobediência civil contra os credores e o FMI, aguentam a turbulência criada e relançam a economia do país com maior inclusão social. Foi isto que fez Nestor Kirchner, Presidente da Argentina, em 2003. Recusou-se a aceitar as condições de austeridade impostas pelo FMI, dispôs-se a pagar aos credores apenas um terço da dívida nominal, obteve um financiamento de três biliões de dólares da Venezuela e lançou o país num processo de crescimento anual de 8% até 2008. Foi considerado um pária pelo FMI e seus agentes. Quando morreu, em 2010, o mesmo FMI, com inaudita hipocrisia, elogiou-o pela coragem com que assumira os interesses do país e relançara a economia. Em Portugal, um país integrado na UE e com líderes treinados na ortodoxia neoliberal, não é crível que o adversário credível possa surgir por via institucional. O correctivo terá de ser europeu e Portugal perdeu a esperança de esperar por ele no momento em que o PSD, de maneira irresponsável, pôs os interesses partidários acima dos interesses do país.

A segunda via é extra-institucional e consiste na rebelião dos cidadãos inconformados com o sequestro da democracia por parte dos mercados financeiros e com a queda na miséria de quem já é pobre e na pobreza de quem era remediado. A rebelião ocorre na rua mas visa pressionar as instituições a devolver a democracia aos cidadãos. É isto que está a ocorrer na Islândia. Inconformados com a transformação da dívida de bancos privados em dívida soberana (o que aconteceu entre nós com o escandaloso resgate do BPN), os islandeses mobilizaram-se nas ruas, exigiram uma nova Constituição para defender o país contra aventureiros financeiros e convocaram um referendo em que 93% se manifestaram contra o pagamento da dívida.

O parlamento procurou retomar a iniciativa política, adoçando as condições de pagamento mas os cidadãos resolveram voltar a organizar novo referendo, o qual terá lugar a 9 de Abril. Para forçar os islandeses a pagar o que não devem as agências de *rating* estão a usar contra eles as mesmas técnicas de terror que usam contra os portugueses. No nosso caso é um terror preventivo dado que os portugueses ainda não se revoltaram. Alguma vez o farão?

Para Sair da Crise
(*Público*, 8 de Abril 2011)

Começo por descrever os próximos passos do aprofundamento da crise para de seguida propor uma estratégia de saída. O que neste momento se está a definir como solução para a crise que o país atravessa não fará mais que aprofundá-la. Eis o itinerário. A intervenção do FMI começará com declarações solenes de que a situação do país é muito mais grave do que se tem dito (o ventríloquo pode ser o líder do PSD se ganhar as eleições). As medidas impostas serão a privatização do que resta do sector empresarial e financeiro do Estado, a máxima precarização do trabalho, o corte nos serviços e subsídios públicos, o que pode levar, por exemplo, a que o preço dos transportes ou do pão suba de um dia para o outro para o triplo, despedimentos na função pública, cortes nas pensões e nos salários (a começar pelos subsídios de férias e de Natal, um "privilégio" que os jovens do FMI não entendem) e a transformação do SNS num serviço residual. Tudo se fará para obter o *seal of approval* do FMI que restabelece a confiança dos credores no país. O objectivo não é que pague as dívidas (sabe-se que nunca as pagará) mas antes que vá pagando os juros e se mantenha refém do colete de forças para mostrar ao mundo que o modelo funciona. Este itinerário não é difícil de prever porque tem sido esta a prática do FMI em todos os países onde tem intervindo. Rege-se pela ideia de que *one size fits all*, ou seja, que as receitas são sempre as mesmas uma vez que as diferentes realidades sociais, culturais e políticas são irrelevantes ante a objectividade dos mercados financeiros. Feita a intervenção de emergência – que os portugueses serão induzidos a ver como uma necessidade e não como um certificado de óbito às suas justas aspirações de progresso e de dignidade – entra o Banco Mundial para fornecer o crédito de longa duração que permitirá "reconstruir" o país, ou seja, para assegurar que serão os mercados e as agências de *rating* a ditar ao país o que pode e não pode ser feito. Serão ocultadas as seguintes irracionalidades: que o modelo imposto ao mundo está falido na sua sede, os EUA; que o FMI faz tudo para servir os interesses financeiros norte-americanos até para se defender do movimento que houve no Congresso para o extinguir; que o maior credor dos EUA, a China, e segunda maior economia do mundo tem o mesmo poder de voto no FMI que a Bélgica; que as agências de *rating* manipulam a realidade financeira para proporcionar aos seus clientes "rendas financeiras excessivas". Claro que pode haver complicadores. Os portugueses podem revoltar-se. O FMI pode admitir que fez um juízo errado e reverter o curso, como aconteceu na crise da Ásia Oriental em que as políticas do FMI produziram o efeito contraproducente, como reconhece Jagdish Bhagwati, um respeitado economista e *free trader* convicto, em *In Defense of Globalization*. Se tal acontecer, não é sequer imaginável que o FMI indemnize o país pelo erro cometido.

Perante este agravamento concertado da crise como buscar uma saída que restitua aos portugueses a dignidade de existir? Não discuto aqui quem serão os agentes políticos democráticos que tomarão as medidas necessárias nem o modo como os portugueses se organizarão para os pressionar nesse sentido. As medidas são as seguintes. Realizar uma auditoria da dívida externa que permita reduzi-la à sua proporção real, por exemplo, descontando todos os efeitos de *rating* por contágio de que fomos vítimas nos últimos meses. Resolver as necessidades financeiras de curto prazo contraindo empréstimos, sem as condicionalidades do FMI, junto de países dispostos a acreditar na capacidade de recuperação do país, tais como a China, o Brasil e Angola. Tomar a iniciativa de promover um diálogo Sul-Sul depois alargado a toda a Europa no sentido de refundar o projecto europeu já que o actual está morto. Promover a criação de um mercado de integração regional transcontinental, tendo como base a CPLP e como carros-chefes Brasil, Angola e Portugal. Usar como recurso estratégico nessa integração a requalificação da nossa especialização industrial em função do extraordinário avanço do país nos últimos anos nos domínios da formação avançada e da investigação científica.

Os Outros Comentadores da Crise

(*Diário de Notícias*, 16 Abril 2011)

Devemos prestar atenção aos comentadores nacionais, quanto mais não seja para identificar o que eles não discutem e as agendas pessoais que se escondem sob pretensas análises desassombradas. Sobretudo os que foram membros de governos nos últimos vinte anos são de uma transparência desarmante e duvido de que consigam iludir muita gente. Mas são irrelevantes sobretudo quando comparados com os outros comentadores, os comentadores financeiros internacionais (CFI) que em blogues e outros media vão propondo análises e dando sugestões que estão na base de muitas das decisões sobre o nosso país, obviamente tomadas à margem do nosso controle democrático. Dessa floresta de comentários selecciono dois que me parecem ser mais pertinentes para compreendermos o que vai sendo decidido nas nossas costas.

Sobre o mandato das eleições. Os CFI pouco se interessam sobre as personalidades dos líderes políticos. Interessa-lhes saber qual é o verdadeiro mandato ou objectivo das eleições. Se se trata apenas de decidir como cumprir o plano de austeridade e definir os termos da ajuda externa, a evolução/manipulação das taxas de juro vai ser importante para orientar as intenções de voto. Se, pelo contrário, está no horizonte a possibilidade de resistir à austeridade e de reestruturar a economia para voltar ao crescimento, as taxas de juro só por si não serão suficientes para influenciar os eleitores. Por outras palavras, se os portugueses já se renderam, só os termos da rendição serão importantes para eles. Neste sentido, o artigo de Passos Coelho no *Wall Street Journal* de 30 de Março é uma declaração patética de rendição, pois nele declara-se que Portugal "está determinado a não ser um fardo para os nossos amigos internacionais" (os amigos são o especuladores financeiros). Se, pelo contrário, os portugueses não se renderam, é tudo mais complicado para eles e para os seus credores. E a complicação agrava-se com o facto reconhecido por todos de que o problema português não é financeiro, é económico. Não está, por exemplo, no horizonte a falência dos seus bancos de referência. O problema português é a competitividade da sua economia, dado estar inserida numa moeda excessivamente forte (pergunta-se: com tantas economias nacionais tão frágeis, não estará o euro sobrevalorizado?). Sendo assim, as medidas de austeridade e a ajuda externa em nada contribuirão para melhorar a credibilidade financeira e económica do País.

As agências de *rating* e o FMI. Portugal está a ser usado como estudo de caso do que está mal no actual sistema financeiro. Os CFI reconhecem que o comportamento das agências é problemático mas, como muitos vivem à sombra delas, tendem a afirmar que o problema não é das agências mas das regras financeiras internacionais que impõem o seu uso. As agências de notação pretendem ser uma segurança contra o risco mas, em vez de o fazerem distribuindo os riscos pelos vários intervenientes, transferem-nos unilateralmente para defender quem lhes paga. A ideia de medir o risco é boa, mas torna-se perversa se os critérios de medição não são transparentes (é crível que a economia paquistanesa seja mais estável que a grega?). Como é isso que ocorre, o risco soberano ou empresarial aumenta pela simples declaração de que está a aumentar, qualquer que seja a situação real. Nenhum país ou empresa pode resistir a um ataque predador deste tipo. Responsabilizar as agências por notações erradas é uma medida frouxa por não tomar em conta que as agências têm poder para criar a realidade que lhes convém.

Neste domínio, a notação por contágio - definir o risco atribuído a um país em função do que se passa noutro, risks from spillovers - é o componente mais perverso do sistema actual, pois cria dificuldades reais a um país a partir de um risco inventado. Portugal foi vítima deste tipo de notação e não está só. A Standard & Poor's baixou a notação da República de Chipre, um pequeno país economicamente estável, apenas "por estar exposto à Grécia". O problema é tão grave que o próprio FMI começa a preocupar-se com a questão. No *working paper* "Sovereign Rating News and Financial Markets Spillovers: Evidence from the European Debt Crisis" (Março deste ano), o FMI chega a propor que, dada a instabilidade financeira criada pelo contágio, as autoridades devem repensar se é apropriado usar notações de créditos na regulação dos mercados financeiros.

O problema é que tudo isto está a ser discutido não para ajudar Portugal mas para esconder que, na vigência do actual sistema, não tem ajuda possível.

Portugal Precisa de Ajuda

(*Folha de São Paulo,* 16 de Abril 2011)

Portugal precisa de ajuda, mas não da ajuda que acaba de pedir à União Europeia e ao FMI.

A crise da dívida europeia desabou sobre Portugal de uma maneira violenta, e o país está a ser usado como estudo de caso do que está mal no actual sistema financeiro internacional. Nos últimos meses, Portugal foi vítima do componente mais perverso do sistema de avaliação de riscos: a notação por contágio – definir o risco financeiro atribuído a um país em função daquilo que se passa noutro. A perversidade consiste em criar dificuldades reais a um país a partir de um risco inventado, que só se torna real depois de declarado.

É reconhecido por todos que o problema português não é financeiro, é económico. Não está, por exemplo, no horizonte a falência dos seus bancos de referência. O problema português é a competitividade da sua economia, por estar inserida numa moeda excessivamente forte. Sendo assim, as medidas de austeridade e a intervenção do FMI em nada contribuirão para melhorar a credibilidade financeira e económica do país

Aliás, é isso o que já se passa com a Grécia. O que neste momento se está a definir como "solução" para a crise que o país atravessa não fará mais que aprofundá-la. A um brasileiro ou a uma brasileira não soará estranho o seguinte itinerário. A intervenção do FMI começará com declarações solenes de que a situação do país é muito mais grave do que se tem dito.

As medidas impostas serão a privatização do que resta do sector empresarial e financeiro do Estado, a máxima precarização do trabalho, o corte nos serviços e subsídios públicos, o que pode levar, por exemplo, a que o preço dos transportes suba de um dia para o outro para o triplo, despedimentos na função pública, cortes nas pensões e nos salários (a começar pelos subsídios de férias e de Natal, um "privilégio" que os jovens do FMI não entendem) e a transformação do Serviço Nacional de Saúde em residual.

Tudo se fará para obter o "seal of approval" do FMI, que restabelece a confiança dos credores no país. O objectivo não é que pague as dívidas (sabe-se que nunca as pagará), mas antes que vá pagando os juros e se mantenha refém do colete de forças para mostrar ao mundo que o modelo funciona. Perante o agravamento previsível da crise, como buscar uma saída que restitua aos portugueses a dignidade de existir? Não discuto aqui quem serão os agentes políticos democráticos que tomarão as medidas necessárias.

As medidas são as seguintes.

Realizar uma auditoria da dívida externa que permita reduzi-la à sua proporção real, por exemplo, descontando todos os efeitos de *rating* por contágio de que o país foi vítima nos últimos meses.

Resolver as necessidades financeiras de curto prazo contraindo empréstimos, sem as condicionalidades do FMI, com países dispostos a acreditar na capacidade de recuperação do país, tais como a China, o Brasil e Angola.

Tomar a iniciativa de promover um diálogo entre os países do sul da Europa, depois alargado a toda a União Europeia, no sentido de refundar o projecto europeu, pois o actual está morto. Promover a criação de um mercado de integração regional transcontinental, tendo como base a CPLP (Comunidade dos Países de Língua Portuguesa) e como carros-chefes Brasil, Angola e Portugal.

Usar, como recurso estratégico nessa integração, a requalificação da especialização industrial, em função do extraordinário avanço do país nos últimos anos nos domínios da formação avançada e da investigação científica (hoje 1,7% do PIB e previsivelmente 3% em 2020).

O Desassossego da Oportunidade

(*Visão*, 5 de Maio 2011)

Os desassossegos de Portugal são de longo e médio prazo, e só eles nos ajudam a entender o modo como damos resposta às crises de curto prazo. Durante o século XVIII, os barcos que traziam o ouro do Brasil aportavam no porto de Lisboa, mas seguiam muitas vezes para Inglaterra para que a nossa dívida soberana fosse paga. Quem quiser ver paralelos com o que se passa hoje basta substituir barcos por Internet e Inglaterra por credores sem rosto. Portugal é de longa data um país semiperiférico ou de desenvolvimento intermédio. No actual sistema mundial é muito difícil sair deste estatuto, quer para cima (promoção a país desenvolvido) quer para baixo (despromoção a país em desenvolvimento). As convulsões ou grandes transformações políticas criam oportunidades e riscos, e os países mudam de estatuto para melhor se aproveitarem as oportunidades e evitarem os riscos.

Foi assim que no pós-guerra a Itália foi promovida a país desenvolvido. Portugal, devido ao fascismo e à guerra colonial, desperdiçou essa oportunidade. O 25 de Abril e a entrada na CEE criaram para Portugal outras oportunidades e trouxeram outros riscos, e mais uma vez não aproveitámos as primeiras e não evitámos os segundos. A tentativa socialista estatizante de 1975 foi um risco enorme; os termos de integração na CEE não acautelaram nem a agricultura e a pesca portuguesas nem as relações históricas com as ex-colónias. Por outro lado, os fundos estruturais e de coesão foram desbaratados no que constitui a história mais secreta da corrupção em Portugal. O euro, combinado com a abertura da economia europeia ao mercado mundial, foi a última machadada nas aspirações portuguesas, pois tínhamos têxteis e sapatos para vender mas não aviões nem comboios de alta velocidade. Os termos da integração foram-nos sendo mais desfavoráveis, o projecto europeu foi-se desviando das vontades originais e os mercados financeiros aproveitarem-se das brechas criadas na defesa da zona euro para se lançarem na pilhagem em que são peritos, agravando as condições do país muito para além do que pode ser atribuído à nossa incúria ou incompetência.

Vivemos a hora dos grupos dominantes, cujo poder parece demasiado forte para poder ser desafiado. A democracia, que aparentemente controla o seu poder, parece sequestrada por ele. Vivemos um tempo de explosão da precariedade, obscena concentração da riqueza, empobrecimento das maiorias, e incontrolável perda do valor da força de trabalho. E se é verdade que todas as crises são políticas, não é menos verdade que não se politizam por si. A luta pela definição dos termos da crise é sempre o primeiro momento de politização e o mais adverso para os grupos sociais que mais sofrem com a crise. Os grupos sociais que produzem as crises mantêm em geral, e salvo casos raros de colapso sistémico, a capacidade de definir a crise de modo a perpetuar os seus interesses durante e depois dela. A crise só deixa de ser destrutiva na medida em que se transforme em oportunidade nova para as classes sociais que mais sofrem com ela. E, para isso, é necessário que os termos da crise sejam redefinidos de modo a libertar e credibilizar a possibilidade de resistência, o que implica luta social e política.

No nosso caso, a possibilidade da redefinição da crise é mais consistente que em outros países. Só por má fé ou derrotismo se pode dizer que a situação da economia justificava os ataques especulativos de que fomos alvo. Basta consultar as estatísticas mais recentes (Fevereiro) do Eurostat relativas à evolução da actividade económica: no período analisado, Portugal foi um dos países da UE em que mais cresceram as novas encomendas à indústria. Se há país intervencionado que tem legitimidade para exigir a renegociação e a redução da dívida, esse país é Portugal. Esta legitimidade justifica a luta mas não a faz surgir. Para isso, é necessário que os cidadãos e os partidos inconformados transformem o inconformismo em acção colectiva de desobediência financeira.

A Pensar nas Eleições

(*Visão*, 2 de Junho de 2011)

Nos próximos tempos, as elites conservadoras europeias, tanto políticas como culturais, vão ter um choque: os europeus são gente comum e, quando sujeitos às mesmas provações ou às mesmas frustrações por que têm passado outros povos noutras regiões do mundo, em vez de reagir à europeia, reagem como eles. Para essas elites, reagir à europeia é acreditar nas instituições e agir sempre nos limites que elas impõem. Um bom cidadão é um cidadão bem comportado, e este é o que vive entre as comportas das instituições. Dado o desigual desenvolvimento do mundo, não é de prever que os europeus venham a ser sujeitos, nos tempos mais próximos, às mesmas provações a que têm sido sujeitos os africanos, os latino-americanos ou os asiáticos. Mas tudo indica que possam vir a ser sujeitos às mesmas frustrações. Formulado de modos muito diversos, o desejo de uma sociedade mais democrática e mais justa é hoje um bem comum da humanidade. O papel das instituições é regular as expectativas dos cidadãos de modo a evitar que o abismo entre esse desejo e a sua realização não seja tão grande que a frustração atinja níveis perturbadores. Ora é observável um pouco por toda a parte que as instituições existentes estão a desempenhar pior o seu papel, sendo-lhes cada vez mais difícil conter a frustração dos cidadãos. Se as instituições existentes não servem, é necessário reformá-las ou criar outras. Enquanto tal não ocorre, é legítimo e democrático actuar à margem delas, pacificamente, nas ruas e nas praças. Estamos a entrar num período pós-institucional.

Os jovens acampados no Rossio e nas praças de Espanha são os primeiros sinais da emergência de um novo espaço público – a rua e a praça – onde se discute o sequestro das actuais democracias pelos interesses de minorias poderosas e se apontam os caminhos da construção de democracias mais robustas, mais capazes de salvaguardar os interesses das maiorias. A importância da sua luta mede-se pela ira com que investem contra eles as forças conservadoras. Os acampados não têm de ser impecáveis nas suas análises, exaustivos nas suas denúncias ou rigorosos nas suas propostas. Basta-lhes ser clarividentes na urgência em ampliar a agenda política e o horizonte de possibilidades democráticas, e genuínos na aspiração a uma vida digna e social e ecologicamente mais justa.

Para contextualizar a luta das acampadas e dos acampados, são oportunas duas observações. A primeira é que, ao contrário dos jovens (anarquistas e outros) das ruas de Londres, Paris e Moscovo no início do século XX, os acampados não lançam bombas nem atentam contra a vida dos dirigentes políticos. Manifestam-se pacificamente e a favor de mais democracia. É um avanço histórico notável que só a miopia das ideologias e a estreiteza dos interesses não permite ver. Apesar de todas as armadilhas do liberalismo, a democracia entrou no imaginário das grandes maiorias como um ideal libertador, o ideal da democracia verdadeira ou real. É um ideal que, se levado a sério, constitui uma ameaça fatal para aqueles cujo dinheiro ou posição social lhes tem permitido manipular impunemente o jogo democrático. A segunda observação é que os momentos mais criativos da democracia raramente ocorreram nas salas dos parlamentos. Ocorreram nas ruas, onde os cidadãos revoltados forçaram as mudanças de regime ou a ampliação das agendas políticas. Entre muitas outras demandas, os acampados exigem a resistência às imposições da troika para que a vida dos cidadãos tenha prioridade sobre os lucros dos banqueiros e especuladores; a recusa ou a renegociação da dívida; um modelo de desenvolvimento social e ecologicamente justo; o fim da discriminação sexual e racial e da xenofobia contra os imigrantes; a não privatização de bens comuns da humanidade, como a água, ou de bens públicos, como os correios; a reforma do sistema político para o tornar mais participativo, mais transparente e imune à corrupção.

A pensar nas eleições acabei por não falar das eleições. Não falei?

Ao Fundo do Túnel

(*Visão*, 30 de Junho de 2011)

O fantasma que assombra hoje os portugueses tem um nome: a luz ao fundo do túnel. Por agora, os portugueses não podem saber se a luz ao fundo do túnel é a luz diurna do ar livre ou o farol de um comboio que corre velozmente em sua direcção. Sejam de direita ou de esquerda, ou nem uma coisa nem outra, os portugueses gostariam que a luz que imaginam fosse a primeira mas temem que seja a segunda. Este é o fantasma português e domina por inteiro o sistema político. Há também os portugueses que não vêem qualquer luz e a que gostariam de ver não seria ao fim do túnel e sim dentro do túnel, para não baterem com a cabeça nas paredes enquanto caminham. Estes são os portugueses-fantasma de que o sistema político não se ocupa.

O fantasma da luz ao fundo do túnel tem dois efeitos políticos. O primeiro é que quem está no governo se serve dele para não respeitar o presente e actuar apenas legitimado pelo futuro que diz controlar. Todas as rupturas com o presente são imagináveis e todas são exigidas para que a luz ao fundo do túnel seja a luz diurna do ar livre. Tudo o que pode ou não ocorrer nos próximos meses condicionará durante décadas a vida dos portugueses. Desde o 25 de Abril de 1974 que o futuro de curto prazo não se parecia tanto com o futuro de longo prazo. A vantagem do governo neste domínio é governar um país habituado a confundir sinais meteorológicos com sinais divinos. À partida, o milagre de

Fátima não é mais ou menos credível que o da Troika. Pagam-se promessas com a mesma devoção com que se pagam dívidas. Em ambos os casos, é apreciado ir de joelhos.

O segundo efeito político do fantasma português é dividir duplamente a oposição política de esquerda. A primeira divisão é sobre a própria natureza do túnel. Para uns (PS), não há dúvidas sobre a natureza do túnel: foi sendo construído nos últimos tempos com as dificuldades em manter o Estado social num contexto internacional adverso. Para outros (BE e PCP), esse túnel é uma pequena tubagem dentro de um túnel muito maior: o túnel em que a burguesia portuguesa se sentiu fechada desde que, em 11 de Março de 1975, perdeu o controle da revolução de Abril e, em 25 de Novembro de 1975, não pôde impedir que a solução pós-revolucionária fosse a concessão de tantos direitos sociais aos trabalhadores. Ao fundo desse túnel vê agora a luz: a chegada, por fim, do capitalismo liberal ou neoliberal. Também a burguesia vê um comboio em alta velocidade, mas muito diferente do comboio-fantasma, um comboio real que vem por trás e com o objectivo benévolo de a empurrar para a saída do túnel, o comboio da troika. A burguesia que sai do túnel não é a mesma que entrou nele (é menos produtiva e mais comerciante, menos CUF ou Lisnave e mais Continente ou Pingo Doce) mas os interesses e o alívio são os mesmos.

A segunda divisão na oposição de esquerda apresenta-se como um duplo dilema. Para o PS, se se vier a verificar que a luz ao fundo túnel era o ar livre, o mérito será da direita, se, pelo contrário, se verificar que a luz era do farol do comboio, nada poderá fazer para o parar, até porque foi este PS quem o pôs em movimento ao negociar com a troika. Só um outro PS o poderá fazer e para isso é necessário tempo e engenho. Por sua vez, o BE e o PCP sabem de antemão que a luz ao fundo do túnel é do farol do comboio e que este se aproxima velozmente, mas, como o túnel é muito grande, nada podem fazer sem a colaboração do PS. O problema é que com este PS não podem colaborar e com o próximo será preciso esperar um tempo que, sobretudo para o BE, pode ser fatal.

Enquanto o fantasma português alimenta o sistema político, os portugueses-fantasma sentem-se sem representação. Entre eles, há os que sabem que a luz que vêem é a do comboio veloz na sua direcção e imaginam que se houvesse luz dentro do túnel, talvez fosse possível imobilizar o comboio (por exemplo, renegociando a dívida já) e passar, certamente com dificuldade, ao lado dele a caminho do ar livre. Nesse grupo me incluo e talvez muitos dos jovens indignados ou à rasca.

Que Democracia é Esta?

(*Público*, 19 de Julho 2011)

No seu artigo no *Público* de 2 de Julho, São José Almeida perguntava sobre o tipo de democracia em que estamos. A pergunta está na mente de muita gente e deve ser respondida. Como contributo para o debate, ofereço a minha resposta. É uma democracia de muito baixa intensidade, que assenta nas seguintes ideias-mestras:

1. As expectativas quanto ao futuro próximo são descendentes (as coisas estão mal mas vão ficar ainda pior) e têm de ser geridas com grande controlo do discurso do governo e do comentário conservador ao seu serviço, de modo a excluir do horizonte qualquer alternativa credível. Desta forma, é possível transformar o consenso político eleitoral em resignação cidadã, a única maneira de manter vazias as ruas e as praças da revolta.

2. Uma profunda transformação subterrânea do regime político corre paralela à manutenção, à superfície, da normalidade democrática da vida política. Trata-se de um novo tipo de Estado de excepção, ou de Estado de sítio, que suspende ou elimina direitos e instituições sem ter de revogar a Constituição. Basta ignorá-la, para o que conta com a cumplicidade de um Presidente da República que paradoxalmente conseguiu atingir, sem governar, os objectivos por que lutou em vão quando governou; com a demissão do Tribunal Constitucional treinado para os baixos perfis das minudências formais; e com a paralisia

de um sistema judicial demasiado desgastado social e politicamente para poder assumir a defesa eficaz da democracia.

3. A tutela internacional da troika não colide com a soberania nacional, quando o poder soberano não só está de acordo com o conteúdo político da tutela, como inclusivamente se legitima através do excesso com que a acolhe e reforça. Domina a crença de que um governo de direita de um pequeno país não tem o direito nem a necessidade de inovar. As medidas políticas para a destruição do Estado social e dos serviços públicos estão testadas com êxito nos governos de referência. Para saber o que vai acontecer na saúde, na educação, nas pensões e na assistência aos idosos, ou o modo como se vai dissimular o número de famílias que perderá a sua casa nos próximos tempos, basta estar atento à imprensa inglesa. A ausência de inovação é disfarçada pelo estilo de apresentação (de preferência, com alguma radicalidade) feita por uma classe política jovem que transforma credivelmente retrocesso político em renovação política, inexperiência, em benefício da aposta, total submissão a interesses económicos poderosos (nacionais e internacionais), em garantia contra a corrupção.

4. É crucial assegurar que a oposição permaneça paralisada pela armadilha que ela própria criou e que consiste em estar limitada (por quanto tempo, é a questão) a escolher entre duas possibilidades, que são outros tantos becos sem saída. A primeira é a luta parlamentar, onde, por não ter maioria, nunca poderá provocar uma crise de governação. A segunda é a luta extra-parlamentar contra a resignação através da crença racional em alternativas democráticas credíveis que, de tão incontornáveis, ou entram no parlamento, ou acampam fora dele. Neste caso, provocaria uma crise de governação, mas esta só seria produtiva se os seus custos políticos, sobretudo de curto prazo, pudessem ser assumidos em conjunto por todas as forças de esquerda, o que, como é sabido, não é possível, pelo menos, por agora. Esta ideia-mestra da democracia de baixa intensidade

recomenda que os rostos desgastados dos líderes da oposição se mantenham e que os que tiverem de ser substituídos o sejam por rostos que nunca viram a realidade social senão através das janelas do parlamento.

O novo regime pensa-se como de longo prazo. Quando for superado, Portugal será um país muito diferente e assim permanecerá por muito tempo. O problema é que as armadilhas (tal como as minas anti-pessoais) são cegas e não reconhecem os donos. O governo criou a sua própria armadilha ao pensar que a tutela internacional podia ser usada em dose controlada: usá-la para realizar o projecto político que a direita, por si só, nunca foi capaz de levar a cabo, mas impedir que os condicionalismos da tutela destruam o país. A armadilha reside em que a tutela, porque é internacional, vê Portugal à escala de um lugarejo e não submete a dosagem da sua intervenção a outros critérios que não sejam os seus.

Por todas estas razões, o 25 de Abril do próximo ano será o primeiro da lembrança de uma perda irreparável. Para ter alguma força, sugiro que se fundam nele o 5 de Outubro e o 1 de Dezembro. Haverá menos feriados, o que convém, e mais significado, o que convém ainda mais.

Os Limites da Ordem

(*Público*, 14 de Agosto de 2011)

Apesar de toda a sua especificidade, os violentos distúrbios em Londres e noutras cidades inglesas não devem ser vistos como um fenómeno isolado. São um perturbador sinal dos tempos. Está a ser gerado nas sociedades contemporâneas um combustível altamente inflamável que flui nos subterrâneos da vida colectiva sem que as famílias, as comunidades, as organizações sociais ou os políticos se dêem conta. Quando vem à superfície, atraído por um incidente que lhe sirva de centelha, pode provocar um incêndio social de proporções inimagináveis. Este combustível é constituído pela mistura de quatro componentes: a promoção conjunta da desigualdade social e do individualismo, a mercantilização da vida individual e colectiva, a prática do racismo em nome da tolerância, o sequestro da democracia por elites privilegiadas e a consequente transformação da política em administração do roubo "legal" dos cidadãos e do mal estar que ele provoca. Cada um destes componentes tem uma contradição interna. Quando elas se sobrepõem, qualquer incidente pode provocar uma explosão.

Desigualdade e individualismo. Com o neoliberalismo, o aumento brutal da desigualdade social deixou de ser um problema para passar a ser a solução. A ostentação dos ricos e dos super-ricos transformou-se em prova do êxito de um modelo social que só deixa na miséria a esmagadora maioria dos cidadãos porque estes supostamente não se esforçam o suficiente para terem êxito. Isso só foi possível com a conversão do individualismo em valor absoluto, o qual, contraditoriamente, só pode ser vivido como utopia da igualdade, da possibilidade de todos dispensarem por igual a solidariedade social, quer como agentes dela, quer como seus beneficiários. Para o indivíduo assim construído a desigualdade só é um problema quando lhe é adversa e quando isso sucede nunca é reconhecida como merecida.

Mercantilização da vida. A sociedade de consumo consiste na substituição das relações entre pessoas por relações entre pessoas e coisas. Os objectos de consumo deixam de satisfazer necessidades para as criar incessantemente e o investimento pessoal neles é tão intenso quando se têm como quando não se têm. Os centros comerciais são a visão espectral de uma rede de relações sociais que começa e acaba nos objectos. O capital, com a sua sede infinita de rentabilidade, tem vindo a submeter à lógica do mercado bens que sempre pensámos serem demasiado comuns (a água e o ar) ou demasiado pessoais (a intimidade e as convicções políticas) para serem trocados no mercado. Entre acreditar que o dinheiro medeia tudo e acreditar que tudo pode ser feito para o obter vai um passo muito menor do que se pensa. Os poderosos dão esse passo todos os dias sem que nada lhes aconteça. Os despossuídos, que vêem isso e pensam que podem fazer o mesmo, acabam nas prisões.

Racismo da tolerância. Os distúrbios na Inglaterra começaram com incidentes com uma dimensão racial. O mesmo sucedeu em 1981, e nos distúrbios que abalaram Paris e outras cidades francesas no Outono de 2005. Não é coincidência; são afloramentos da sociabilidade colonial que continua a dominar as nossas sociedades, décadas depois de terminar o colonialismo político. O racismo é apenas um componente, tanto mais que em todos os distúrbios mencionados se envolveram jovens de várias etnias. Mas é importante porque junta à exclusão social um elemento de inabarcável corrosão da auto-estima, a inferioridade do ser agravada pela inferioridade do ter. Um jovem negro das nossas cidades vive quotidianamente uma suspeição social que existe independentemente do que ele ou ela seja ou faça. E essa suspeição é tanto mais virulenta quando ocorre numa sociedade distraída pelas políticas oficiais da luta contra a discriminação e pela fachada do multiculturalismo e da benevolência da tolerância. Quando ninguém se considera racista são as vítimas do racismo que são ditas racistas ao reagirem contra ele.

Sequestro da democracia. O que há de comum entre os distúrbios de Inglaterra e a destruição do bem-estar dos cidadãos provocada pelas políticas de austeridade comandadas pelas agências de notação e os mercados financeiros? São ambos sinais dos limites extremos da ordem democrática. Os jovens amotinados são criminosos, mas não estamos perante uma "criminalidade pura e simples", como afirmou o Primeiro Ministro David Cameron. Estamos perante uma denúncia política violenta de um modelo social e político que tem recursos para resgatar bancos e não os tem para resgatar a juventude de uma vida de espera sem esperança, do pesadelo de uma educação cada mais cara e mais irrelevante dado o aumento do desemprego, do completo abandono em comunidades que as políticas públicas anti-sociais transformaram em campos de treino da raiva, da anomia e da revolta.

Entre o poder neoliberal instalado e os amotinados urbanos há uma simetria assustadora. A indiferença social, a arrogância, a distribuição injusta dos sacrifícios estão a semear o caos, a violência e o medo, e os semeadores dirão amanhã, genuinamente ofendidos, que o que semearam nada tem a ver com o caos, a violência e o medo instalados nas ruas das nossas cidades. Os verdadeiros desordeiros estão no poder e em breve serão imitados por aqueles que não têm poder para os pôr na ordem.

Carta às Esquerdas

(*Visão*, 25 de Agosto 2011)

Não ponho em causa que haja um futuro para as esquerdas mas o seu futuro não vai ser uma continuação linear do seu passado. Definir o que têm em comum equivale a responder à pergunta: o que é a esquerda? A esquerda é um conjunto de posições políticas que partilham o ideal de que os humanos têm todos o mesmo valor, e são o valor mais alto. Esse ideal é posto em causa sempre que há relações sociais de poder desigual, isto é, de dominação. Neste caso, alguns indivíduos ou grupos satisfazem algumas das suas necessidades, transformando outros indivíduos ou grupos em meios para os seus fins. O capitalismo não é a única fonte de dominação mas é uma fonte importante.

Os diferentes entendimentos deste ideal levaram a diferentes clivagens. As principais resultaram de respostas opostas às seguintes perguntas. Poderá o capitalismo ser reformado de modo a melhorar a sorte dos dominados, ou tal só é possível para além do capitalismo? A luta social deve ser conduzida por uma classe (a classe operária) ou por diferentes classes ou grupos sociais? Deve ser conduzida dentro das instituições democráticas ou fora delas? O Estado é, ele próprio, uma relação de dominação, ou pode ser mobilizado para combater as relações de dominação? As respostas opostas a estas perguntas estiveram na origem de violentas clivagens. Em nome da esquerda cometeram-se atrocidades contra a esquerda; mas, no seu conjunto, as esquerdas dominaram o século XX (apesar do nazismo, do fascismo e do colonialismo) e o mundo tornou-se mais livre e mais igual graças a elas. Este curto século de todas as esquerdas terminou com a queda do Muro de Berlim. Os últimos trinta anos foram, por um lado, uma gestão de ruínas e de inércias e, por outro, a emergência de novas lutas contra a dominação, com outros actores e linguagens que as esquerdas não puderam entender. Entretanto, livre das esquerdas, o capitalismo voltou a mostrar a sua vocação anti-social. Voltou a ser urgente reconstruir as esquerdas para evitar a barbárie.

Como recomeçar? Pela aceitação das seguintes ideias. Primeiro, o mundo diversificou-se e a diversidade instalou-se no interior de cada país. A compreensão do mundo é muito mais ampla que a compreensão ocidental do mundo; não há internacionalismo sem interculturalismo. Segundo, o capitalismo concebe a democracia como um instrumento de acumulação; se for preciso, redu-la à irrelevância e, se encontrar outro instrumento mais eficiente, dispensa-a (o caso da China). A defesa da democracia de alta intensidade é a grande bandeira das esquerdas. Terceiro, o capitalismo é amoral e não entende o conceito de dignidade humana; a defesa desta é uma luta contra o capitalismo e nunca com o capitalismo (no capitalismo, mesmo as esmolas só existem como relações públicas). Quarto, a experiência do mundo mostra que há imensas realidades não capitalistas, guiadas pela reciprocidade e pelo cooperativismo, à espera de serem valorizadas como o futuro dentro do presente. Quinto, o século passado revelou que a relação dos humanos com a natureza é uma relação de dominação contra a qual há que lutar; o crescimento económico não é infinito. Sexto, a propriedade privada só é um bem social se for uma entre várias formas de propriedade e se todas forem protegidas; há bens comuns da humanidade (como a água e o ar). Sétimo, o curto século das esquerdas foi suficiente para criar um espírito igualitário entre os humanos que sobressai em todos os inquéritos; este é um património das esquerdas que estas têm vindo a dilapidar. Oitavo, o capitalismo precisa de outras formas de dominação para florescer, do racismo ao sexismo e à guerra e todas devem ser combatidas. Nono, o Estado é um animal estranho, meio anjo meio monstro, mas, sem ele, muitos outros monstros andariam à solta, insaciáveis à cata de anjos indefesos. Melhor Estado, sempre; menos Estado, nunca.

Com estas ideias, vão continuar a ser várias as esquerdas, mas já não é provável que se matem umas às outras e é possível que se unam para travar a barbárie que se aproxima.

Segunda Carta às Esquerdas
(*Visão*, 22 de Setembro 2011)

A democracia política pressupõe a existência do Estado. Os problemas que vivemos hoje na Europa mostram que não há democracia europeia porque não há Estado europeu. E porque muitas prerrogativas soberanas foram transferidas para instituições europeias, as democracias nacionais são hoje menos robustas porque os Estados nacionais são pós-soberanos. Os défices democráticos nacionais e o défice democrático europeu alimentam-se uns aos outros e todos se agravam por, entretanto, as instituições europeias terem decidido transferir para os mercados financeiros parte das prerrogativas transferidas para elas pelos Estados nacionais. Ao cidadão comum será hoje fácil concluir (lamentavelmente só hoje) que foi uma trama bem urdida para incapacitar os Estados europeus no desempenho das suas funções de protecção dos cidadãos contra riscos colectivos e de promoção do bem-estar social. Esta trama neoliberal tem vindo a ser urdida em todo o mundo, e a Europa só teve o privilégio de ser "tramada" à europeia. Vejamos como aconteceu.

Está em curso um processo global de desorganização do Estado democrático. A organização deste tipo de Estado baseia-se em três funções: a função de confiança, por via da qual o Estado protege os cidadãos contra forças estrangeiras, crimes e riscos colectivos; a função de legitimidade, através da qual o Estado garante a promoção do bem-estar; e a função de acumulação, com a qual o Estado garante a reprodução do capital a troco de recursos (tributação, controle de sectores estratégicos) que lhe permitam desempenhar as duas outras funções.

Os neoliberais pretendem desorganizar o Estado democrático através da inculcação na opinião pública da suposta necessidade de várias transições. Primeira: da responsabilidade colectiva para a responsabilidade individual. Segundo os neoliberais, as expectativas da vida dos cidadãos derivam do que eles fazem por si e não do que a sociedade pode fazer por eles. Tem êxito na vida quem toma boas decisões ou tem sorte e fracassa quem toma más decisões ou tem pouca sorte. As condições diferenciadas do nascimento ou do país não devem ser significativamente alteradas pelo Estado. Segunda: da acção do Estado baseada na tributação para a acção do Estado baseada no crédito. A lógica distributiva da tributação permite ao Estado expandir-se à custa dos rendimentos mais altos, o que, segundo os neoliberais, é injusto, enquanto a lógica distributiva do crédito obriga o Estado a conter-se e a pagar o devido a quem lhe empresta. Esta transição garante a asfixia financeira do Estado, a única medida eficaz contra as políticas sociais. Terceira: do reconhecimento da existência de bens públicos (educação, saúde) e interesses estratégicos (água, telecomunicações, correios) a serem zelados pelo Estado no interesse de todos para a ideia de que cada intervenção do Estado em área potencialmente rentável é uma limitação ilegítima das oportunidades de lucro privado. Quarta: do princípio da primazia do Estado para o princípio da primazia da sociedade civil e do mercado. O Estado é sempre ineficiente e autoritário. A força coercitiva do Estado é hostil ao consenso e à coordenação dos interesses e limita a liberdade dos empresários que são quem cria riqueza (dos trabalhadores não há menção). A lógica imperativa do governo deve ser substituída na medida do possível pela lógica cooperativa de governança entre interesses sectoriais, entre os quais o do Estado. Quinta, dos direitos sociais para os apoios em situações extremas de pobreza ou incapacidade e para a filantropia. O Estado social exagerou na solidariedade entre cidadãos e transformou a desigualdade social num mal quando, de facto, é um bem. Entre quem dá esmola e quem a recebe não há igualdade possível, um é sujeito da caridade e o outro é objecto dela.

Perante este perturbador receituário neoliberal, é difícil imaginar que as esquerdas não estejam de acordo sobre o princípio "melhor Estado, sempre; menos Estado, nunca" e que disso não tirem consequências.

O Desenvolvimento do Subdesenvolvimento

(*Visão*, 20 de Outubro 2011)

Está em curso o processo de subdesenvolvimento do país. As medidas que o anunciam, longe de serem transitórias, são estruturantes e os seus efeitos vão sentir-se por décadas. As crises criam oportunidades para redistribuir riqueza. Consoante as forças políticas que as controlam, a redistribuição irá num sentido ou noutro. Imaginemos que a redução de 15% do rendimento aplicada aos funcionários públicos, por via do corte dos subsídios de Natal e de férias, era aplicada às grandes fortunas, a Américo Amorim, Alexandre Soares dos Santos, Belmiro de Azevedo, Famílias Mello, etc. Recolher-se-ia muito mais dinheiro e afectar-se-ia imensamente menos o bem-estar dos portugueses. À partida, a invocação de uma emergência nacional aponta para sacrifícios extraordinários que devem ser impostos aos que estão em melhores condições de os suportar. Por isso se convocam os jovens para a guerra, e não os velhos. Não estariam os super-ricos em melhores condições de responder à emergência nacional?

Esta é uma das perplexidades que leva os indignados a manifestarem-se nas ruas. Mas há muito mais. Perguntam-se muitos cidadãos: as medidas de austeridade vão dar resultado e permitir ver luz ao fundo do túnel daqui a dois anos? Suspeitam que não porque, para além de irem conhecendo a tragédia grega, vão sabendo que as receitas do FMI, agora adoptadas pela UE, não deram resultado em nenhum país em que foram aplicadas – do México à Tanzânia, da Indonésia à Argentina, do Brasil ao

Equador – e terminaram sempre em desobediência e desastre social e económico. Quanto mais cedo a desobediência, menor o desastre. Em todos estes países foi sempre usado o argumento do desvio das contas superior ao previsto para justificar cortes mais drásticos. Como é possível que as forças políticas não saibam isto e não se perguntem por que é que o FMI, apesar de ter sido criado para regular as contas dos países subdesenvolvidos, tenha sido expulso de quase todos eles e os seus créditos se confinem hoje à Europa. Porquê a cegueira do FMI e por que é que a UE a segue cegamente? O FMI é um clube de credores dominado por meia dúzia de instituições financeiras, à frente das quais a Goldman Sachs, que pretendem manter os países endividados a fim de poderem extorquir deles as suas riquezas e de fazê-lo nas melhores condições, sob a forma de pagamento de juros extorsionários e das privatizações das empresas públicas vendidas sob pressão a preços de saldo, empresas que acabam por cair nas mãos das multinacionais que actuam na sombra do FMI. Assim, a privatização da água pode cair nas mãos de uma subsidiária da Bechtel (tal como aconteceu em Cochabamba após a intervenção do FMI na Bolívia), e destinos semelhantes terão a privatização da TAP, dos Correios ou da RTP. O back-office do FMI são os representantes de multinacionais que, quais abutres, esperam que as presas lhes caiam nas mãos. Como há que tirar lições mesmo do mais lúgubre evento, os europeus do sul suspeitam hoje, por dura experiência, quanta pilhagem não terão sofrido os países ditos do Terceiro Mundo sob a cruel fachada da ajuda ao desenvolvimento.

Mas a maior perplexidade dos cidadãos indignados reside na pergunta: que democracia é esta que transforma um acto de rendição numa afirmação dramática de coragem em nome do bem comum? É uma democracia pós-institucional, quer porque quem controla as instituições as subverte (instituições criadas para obedecer aos cidadãos passam a obedecer a banqueiros e mercados), quer porque os cidadãos vão reconhecendo, à medida que passam da resignação e do choque à indignação e à revolta, que esta forma de democracia partidocrática está esgotada e deve ser substituída por uma outra mais deliberativa e participativa, com partidos mas pós-partidária, que blinde o Estado contra os mercados, e os cidadãos, contra o autoritarismo estatal e não estatal. Está aberto um novo processo constituinte. A reivindicação de uma nova Assembleia Constituinte, com forte participação popular, não deverá tardar.

A Greve Geral

(*Visão*, 17 de Novembro 2011)

As greves gerais foram comuns na Europa e nos EUA no final do século XIX e nas primeiras décadas do século XX. Suscitaram grandes debates no interior do movimento operário e dos partidos e movimentos revolucionários (anarquistas, comunistas, socialistas). Discutia-se a importância da greve geral nas lutas sociais e políticas, as condições para o seu êxito, o papel das forças políticas na sua organização. Rosa Luxemburgo (1871-1919) foi uma das mais destacadas presenças nesses debates. A greve geral – que nunca deixou de estar presente na América Latina e ressurgiu com força na Primavera do Norte de África – está de volta na Europa (Grécia, Itália, Espanha e Portugal) e nos EUA. A cidade de Oakland, na Califórnia, que ficara conhecida pela greve geral de 1946, voltou a recorrer a ela no passado dia 2 de Novembro e, na primavera deste ano, os sindicatos do estado de Wisconsin aprovaram a greve geral no momento em que a cidade de Madison se preparava para ocupar o edifício do parlamento estadual – o que fez com pleno êxito – em luta contra o Governador e a sua proposta de neutralizar os sindicatos, eliminando a negociação colectiva na função pública. Qual o significado deste regresso? Sendo certo que a história não se repete, que paralelismos se podem fazer com condições e lutas sociais do passado?

De âmbitos diferentes (comunidade, cidade, região, país), a greve geral foi sempre uma manifestação de resistência contra uma condição gravosa e injusta de carácter geral, ou seja, uma condição susceptível de afectar os trabalhadores, as classes populares ou até a sociedade no seu conjunto, mesmo se alguns sectores sociais ou profissionais fossem mais directamente visados por ela. Limitações dos direitos cívicos e políticos, repressão violenta do protesto social, derrotas sindicais no domínio da protecção social e deslocalizações de empresas com impacto directo na vida das comunidades, decisões políticas contra o interesse nacional ou regional ("traições parlamentares" como a opção pela guerra ou pelo militarismo), estas foram algumas das condições que no passado levaram à decisão pela greve geral. No início do século XXI vivemos um tempo diferente e as condições gravosas e injustas concretas não são as mesmas do passado. No entanto, ao nível das lógicas sociais que lhes presidiram há paralelismos perturbadores que fluem nos subterrâneos da movimentação para a greve geral do próximo dia 24 de Novembro em Portugal. Ontem, foi a luta por direitos de que as classes populares se consideravam injustamente privadas; hoje, é a luta contra a perda injusta de direitos por que tantas gerações de trabalhadores lutaram e que pareciam ser uma conquista irreversível. Ontem, foi a luta pela partilha mais equitativa da riqueza nacional que o capital e o trabalho geravam; hoje, é a luta contra uma partilha cada vez mais desigual da riqueza (salários e pensões confiscados, horários e ritmos de trabalho aumentados; tributação e resgates financeiros a favor dos ricos – o "1%", segundo os ocupantes de Wall Street – e um quotidiano de angústia e de insegurança, de colapso das expectativas, de perda da dignidade e da esperança para os "99%"). Ontem, foi a luta por uma democracia que representasse o interesse das maiorias sem voz; hoje, é a luta por uma democracia que, depois de parcialmente conquistada, foi esventrada pela corrupção, pela mediocridade e pusilanimidade dos dirigentes e pela tecnocracia em representação do capital financeiro a quem sempre serviu. Ontem, foi a luta por alternativas (socialismo) que as classes dirigentes reconheciam existir e por isso reprimiam brutalmente quem as defendesse; hoje, é a luta contra o senso comum neoliberal, massivamente reproduzido pelos media subservientes, de que não há alternativa ao empobrecimento das maiorias e ao esvaziamento das opções democráticas.

Em geral, podemos dizer que a greve geral na Europa de hoje é mais defensiva que ofensiva, visa menos promover um avanço civilizacional do que impedir um retrocesso civilizacional. É por isso que ela deixa de ser uma questão dos trabalhadores no seu conjunto para ser uma questão dos cidadãos empobrecidos no seu conjunto, tanto dos que trabalham como dos que não encontram trabalho, como ainda dos que trabalharam a vida inteira e vêem hoje as suas pensões ameaçadas. Na rua, a única esfera pública por enquanto não ocupada pelos interesses financeiros, manifestam-se cidadãos que nunca se participaram em sindicatos ou movimentos nem imaginaram manifestar-se a favor de causas alheias. De repente, as causas alheias são próprias.

As Lições da Europa
(*Folha de São Paulo*, 21 de Novembro 2011)

A Europa está a assombrada pelo fantasma da exaustão histórica. Depois de durante cinco séculos se ter atribuido a missão de ensinar o mundo, parece ter pouco a ensinar e, o que é mais trágico, parece não ter capacidade para aprender com a experiência do mundo. O cantinho europeu, apesar de ser cada vez mais pequeno no contexto mundial, não consegue compreender o mundo senão atraves de conceitos gerais e princípios universais e nem sequer se dá conta que a sua própria fidelidade a eles é hoje uma miragem. Partindo da ideia que a compreensão do mundo é muito mais ampla que a compreensão europeia do mundo, as dificuldades por que passa a Europa podem ser um campo de aprendizagem fértil para o mundo. Eis as principais lições.

Primeira lição: a ideia de que as crises são oportunidades é uma verdade ambígua porque as oportuniddes vão em direcções opostas e são aproveitadas por quem melhor se prepara antes da crise. A direita usou a crise para aplicar a "doutrina de choque" das privatizações e da destruição do Estado social (privatização da educação e da saúde). Não tinha conseguido fazê-lo por via democrática mas foi preparando a opinião pública para a ideia de que não há alternativa ao senso comum neoliberal. A esquerda, pelo contrário, deixou-se desarmar por esse senso comum e por isso não pôde aproveitar a crise para mostrar o fracasso do neoliberalismo (tanto pela estagnação como pela injustiça) e propor uma alternativa pós-neoliberal. O movimento ecológico, que era forte, deixou-se bloquear pelo slogan do crescimento mesmo sabendo que *este* crescimento é insustentável, perdendo assim a oportunidade que lhe foi dada pela reunião do Rio+20 do próximo ano.

Segunda lição: a liberalização do comércio é uma ilusão produtiva para os países mais desenvolvidos. Para ser justo, o comércio deve assentar em acordos regionais amplos que incluam políticas industriais conjuntas e a busca de equilíbrios comerciais no interior da região. A Alemanha, que tanto exporta para a Europa, deverá importar mais da Europa? Para tal ser possível é preciso uma política aduaneira e de preferências comerciais regionais, assim como uma refundação da Organização Mundial do Comércio, alias já hoje um cadáver adiado, no sentido de começar a construir o modelo de cooperação internacional do futuro: acordos globais e regionais que, cada vez mais e sempre na medida do possível, façam com que os lugares de consumo coincidam com os lugares de produção.

Terceira lição: os mercados financeiros, dominados como estão pela especulação, nunca recompensarão os países pelos sacrifícios feitos já que não reconhecer a suficiência destes é o que alimenta o lucro do investimento especulativo. Sem domar as dinâmicas especulativas, o desastre social ocorre tanto pela via da obediência como pela via da desobediência aos mercados.

Quarta lição: a democracia pode desaparecer gradualmente e sem ser por golpe de Estado. Vários países da Europa vivem uma situação de suspensão constitucional, um novo tipo Estado de exceção que não visa perigosos terroristas mas sim os cidadãos comuns, os seus salários e as suas pensões. A substituição de Berlusconi (para a qual havia boas razões democráticas) foi decidida pelo Banco Central Europeu. O estatuto dos bancos centrais, criado para os tornar independentes da política, acabou por tornar a política dependente deles. A democracia, depois de parcialmente conquistada, pode ser gradualmente esventrada pela corrupção, pela mediocridade e pusilanimidade dos dirigentes e pela tecnocracia em representação do capital financeiro a quem sempre serviu.

O Que está em Jogo

(*Público*, 23 de Novembro 2011)

O verniz estalou. O aprofundamento da crise europeia tornou possível uma nova radicalidade e uma nova transparência. Até há pouco eram consideradas radicais as posições daqueles que se opunham à intervenção e às receitas da troika por razões de soberania, de democracia e por suspeitarem que a crise era o pretexto para a direita aplicar em Portugal a "política de choque" das privatizações, incluindo as da saúde e da educação. Propunham a desobediência ao memorando em face do desastre grego ou pediam uma auditoria da dívida para retirar dela parcelas de endividamento ilegítimas ou mesmo ilegais. Eram consideradas radicais porque punham em causa a sobrevivência do euro, porque desacreditavam ainda mais o nosso país no contexto europeu e internacional, porque, se fossem aplicadas, produziriam um desastre social, precisamente o que se pretendia evitar com o memorando.

O aprofundamento da crise está a dar azo a uma nova radicalidade que, paradoxalmente, e ao contrário da radicalidade anterior, parte da estrita obediência à lógica que preside à troika e ao memorando. Comentadores do *Financial Times* e políticos dos países do Norte da Europa defendem o fim do euro, porque afinal o "euro é o problema", propõem um euro para os países mais desenvolvidos e o outro para os menos desenvolvidos, defendem que a saída do euro por parte da Grécia (ou de outros países, subentende-se) pode não ser uma má idéia desde que controlada, e defendem, finalmente, a permanência do euro na condição de os países endividados se renderem totalmente ao controle financeiro da Alemanha (federalização sem democracia). Ou seja, a radicalidade tem hoje duas faces e isto talvez nos permita uma nova transparência quanto ao que está em jogo ou nos convém. A transparência do que se omite é tão importante quanto a do que se diz. Em ambos os casos ocorre porque os interesses subjacentes estão...à superfície.

A transparência do que se omite. Primeiro, não é possível voltar à "normalidade" no atual quadro institucional europeu. Neste quadro, a União Européia caminha inevitavelmente para a desagregação. Depois da Itália seguir-se-ão a Espanha e a França. Segundo, as políticas de austeridade, para além de injustas socialmente, são, não só ineficazes, como contraproducentes. Ninguém pode pagar as suas dívidas produzindo menos e, por isso, estas medidas terão de ser seguidas por outras ainda mais gravosas, até que o povo (não tenhamos medo da palavra), o povo fustigado, sofrido, desesperado diga: Basta! Terceiro, os mercados financeiros, dominados como estão pela especulação, nunca recompensarão os portugueses pelos sacrifícios feitos já que não reconhecer a suficiência destes é o que alimenta o lucro do investimento especulativo. Sem domar as dinamicas especulativas e esperando que o mundo faça o que pode e deve começar a ser feito a nível apenas europeu, o desastre social ocorre tanto pela via da obediência como pela via da desobediência aos mercados.

A transparência do que nos convém. Falo dos portugueses, mas o meu "nós" envolve os 99% dos cidadãos e todos os imigrantes do Sul da Europa e envolve todos os europeus para quem uma Europa de nacionalismos é uma Europa em guerra e para quem a democracia é um bem tão exigente que só faz sentido se, ele próprio, for distribuído democraticamente. Qualquer solução que vise minimizar o desastre que se aproxima deve ser uma solução européia, ou seja, uma solução que deve ser articulada com, pelo menos, alguns países do euro. São duas as soluções possíveis. A primeira, que é o cenário A, consiste em fazer pressão, articuladamente com os outros países "em dificuldade", no sentido de se alterar a curto prazo o quadro institucional da EU de modo a que se torne possível mutualizar a dívida, federalizando a democracia. Isto implica, entre outras coisas, dar poderes ao parlamento europeu, fazer a Comissão responder perante ele e eleger diretamente a presidência. Implica também uma política industrial européia e a busca de equilíbrios comerciais no interior da Europa. Por exemplo, a Alemanha, que tanto exporta para a Europa, deverá importar mais da Europa, abandonando o mercantilismo da sua procura incessante de excedentes? Para tal ser possível é preciso uma política aduaneira e de preferências comerciais intra-europeias, assim como uma refundação da Organização Mundial do Comércio, alias já hoje um cadáver adiado, no sentido de começar a construir o modelo de cooperação internacional do futuro: acordos globais e regionais que, cada vez mais e sempre na medida do possível, façam com que os lugares de consumo coincidam com os lugares de produção. Implica também uma regulação financeira prudente a nível europeu que passa por um mandato pós-neoliberal para o Banco Central Europeu (mais poderes de intervenção com base em mais controlo democrático nas estrutura e no funcionamento). Esta solução contrapõe-se frontalmente à solução autoritária proposta pela Alemanha que consiste em submeter todos os países à tutela alemã como contrapartida dos eurobonds ou outro mecanismo de europeização da dívida. Esta rendição ao imperialismo alemão significaria que na Europa só tem direito à democracia quem tem dinheiro.

O cenário A é exigente e exigiria que, desde já, e apesar dos limites do atual mandato, o BCE assumisse um papel muito mais ativo para a assegurar o tempo de transição. A prudência recomenda, no entanto, que a hipótese de tal cenário falhar seja prevista e e considerada seriamente. Devíamos por isso desde já começar a preparar o cenário B, uma saída deste euro, a sós ou juntamente com outros países, com o argumento, que os factos comprovam, de que, com ele, as desigualdades entre países não cessarão de aumentar. A auditoria da dívida será um sinal da seriedade dos nossos propósitos. Os custos sociais da solução B não são mais altos quanto os custos do falhanço da solução A e permitem, pelo menos, ver uma luz ao fim do túnel.

Bibliografia

Acosta, A., and O. Ugarteche (2007). "Global Economy Issues and the International Board of Arbitration for Sovereign Debt (IBASD)". *El Norte – Finnish Journal of Latin American Studies*, 2.

Acosta, A. (2008). *La auditoria de la deuda e(x)terna ecuatoriana: Un paso histórico para una solución definitiva*. Disponível em http://www.flacsoandes. org/web/debate.php?c=1486&debate=434. Acedido em 2 de Maio de 2011.

Albuquerque, Joaquim Mouzinho de (1899). *Moçambique, 1896-1898*. Lisboa: Tipographya Manoel Gomes.

Albuquerque, Joaquim Mouzinho de (1955). *Carta de Mouzinho de Albuquerque a sua Alteza Real o Príncipe D. Luís Filipe*. Luanda: Comissão de Angola do Centenário do nascimento de Mouzinho de Albuquerque.

Alves, Nuno; Centeno, Mário; Novo, Álvaro (2010). "O investimento em educação em Portugal: retornos e heterogeneidade". *Boletim Económico do Banco de Portugal*, 16-1, 9-39.

Artus, Patrick (2011). "Quelle est maintenant l'issue la plus probable de la crise des dettes publiques dans la zone euro?" *Flash Economie*, 24 Março 2011. Disponível em http://gesd.free.fr/flas1218.pdf). Acedido a 27 de Abril 2011.

Atkinson, Anthony; Marlier, Eric (orgs.) (2010). *Income and Living Conditions in Europe*. Luxemburgo: Publication Office of the European Union.

Bloch, Ernst (1995). *The Principle of Hope*. Cambridge, Mass.: MIT Press.

Brandão, Raúl (1988). *Memórias*. Lisboa: Perspectivas e Realidades.

Camões, Luís Vaz de (1981 [1572]). *Os Lusíadas*. Lisboa: Sá da Costa.

Caetano, Marcello (1947). *As Campanhas de Moçambique em 1895 segundo os contemporâneos*. Lisboa: Agência Geral das Colónias.

Carmo, Renato Miguel do; Cantante, Frederico; Baptista, Inês (2010). "Taxa de risco de pobreza. Incidências diferenciadas" *in* Carmo, Renato Miguel do (org.), *Desigualdades Sociais 2010. Estudos e Indicadores*. Lisboa: Editora Mundos Sociais e Observatório das Desigualdades, 15-32.

Checchi, Daniele; Peragine, Vito; Serlenga, Laura (2010). *Fair and Unfair Income Inequalities in Europe.* IZA Discussion Paper Series, 5025. Disponível em http://ftp.iza.org/dp5025.pdf . Acedido a 23 de Abril de 2011.

Coelho, Pedro Passos (2011). "Our Plan to Fix Portugal". *The Wall Street Journal.* Disponível em http://online.wsj.com/article/SB100014240527487045599045762300901870121 96.html. Acedido a 27 Abril 2011.

Couto, Diogo de (1937 [1590]). *O Soldado Pratico.* Lisboa: Livraria Sá da Costa.

Coxito, Amândio. (1980). "Método e ensino em Pedro da Fonseca e nos conimbricenses", *Revista Portuguesa de Filosofia*, 36, 88-107.

Coxito, Amândio (2001). "Os Conimbricenses", *in* Calafate, P. (org.), *História do Pensamento Filosófico Português, II: Renascimento e Contra-Reforma.* Lisboa: Editorial Caminho, 503-543.

Desai, Ashwin (2002). *We are the Poors: Community Struggles in post-Apartheid South Africa.* Nova Iorque: Westview Press.

Doyle, John Patrick (2001). *The Conimbricenses: Some Questions on Signs.* Milwaukee: Marquette University Press.

Dussel, Enrique (1998). *Etica de la Liberación en la Edad de la Globalización y de la Exclusión.* Madrid: Trotta.

Ennes, António (1946). *O 'Ultimatum' visto por António Ennes, com um estudo biográfico por F. A. Oliveira Martins.* Lisboa: Parceria A. M. Pereira.

ESS Data (2008). *The European Social Survey.* Disponível em http://ess.nsd.uib.no/. Acedido a 2 de Maio de 2011.

Estanque, Elísio (2003). "O 'efeito classe média': desigualdades e oportunidades no limiar do século XXI", *in* Cabral, M. Villaverde, J. Vala e A. Freire (org.), *Desigualdades Sociais e Percepções de Justiça.* Lisboa: Imprensa de Ciências Sociais (ICS/ISSP), 69-105.

Estanque, Elísio (2012). *A Classe Média: ascensão e declínio.* (prelo) Lisboa: Fundação Francisco Manuel dos Santos.

European Credit Research Institute (2010). *Lending to Households in Europe (1995-2009): ECRI Statistical Package 2010.*

Eurostat (2011). *EU Statistics on Income and Living Conditions (EU-SILC).* Disponível em: http://epp.eurostat.ec.europa.eu/statistics_explained/index.php/Living_conditions_statistics . Acedido a 23 de Abril de 2011.

Faria, Manuel Severim de (1974 [1665]). "Dos remédios para a falta de gente", *in* Sérgio, António (org.). *Antologia dos economistas portugueses (século XVII).* Lisboa: Livraria Sá da Costa Editora, 117-163.

Ferreira, António Casimiro (2011). *O Trabalho e os seus Direitos: perspectivas da sociologia do direito do trabalho (prelo).* Coimbra: Almedina.

Ferreira, António Casimiro (2005a). *Acesso ao Direito e Mobilização dos Tribunais de Trabalho: o caso da discriminação entre mulheres e homens.* Lisboa: CITE.

Ferreira, António Casimiro (2005b). *Trabalho Procura Justiça. os tribunais de trabalho na sociedade portuguesa.* Coimbra: Almedina.

FMI (2010). *Statement by IMF Managing Director Dominique Strauss-Kahn on the Passing of Mr. Néstor Kirchner, Former President of Argentina.* Disponível em http://www.imf.org/external/np/sec/pr/2010/pr10403.htm. Acedido a 29 Abril de 2011.

Fonseca, Pedro da (1964 [1564]). *Instituições Dialécticas.* Coimbra: Universidade de Coimbra.

Frade, Catarina (2006). *Desemprego e Sobreendividamento: contornos de uma ligação perigosa.* Coimbra: Centro de Estudos Sociais.

Frade, Catarina (2007). *A regulação do sobreendividamento.* Dissertação de doutoramento. Coimbra: FEUC.

Frade, Catarina et al. (2008). *Um perfil dos sobreendividados em Portugal.* Coimbra: CES/OEC.

Genworth Financial, Inc. (2010). *The Genworth Index. Measuring consumer financial vulnerability and security in 18 countries.* vol. 4 Disponível em http://www.genworth.co.uk/content/etc/medialib/genworth_uk/UK_PDFs.Par.15649.File.dat/GenworthIndexVolume4October2010_bookmarks.pdf#pagemode=bookmarks. Acedido em 27 de Abril 2011.

Gil, José (2004). *Portugal Hoje: o Medo de Existir.* Lisboa: Relógio D'Água.

Gurminder, Bhambra (2009). "Postcolonial Europe: Or, Understanding Europe in Times of the Postcolonial". *Sage Handbook of European Studies.* Londres: Sage. 69-85.

Hespanha, Pedro (2000), *Entre o Estado e o Mercado. As fragilidades das Instituições de Protecção Social em Portugal.* Coimbra: Quarteto.

Herculano, Alexandre (1982 [1858]). "Carta aos eleitores do círculo de Sintra," *Opúsculos I.* Porto: Editorial Presença, 319-325.

Hinkelammert, Franz (2002). *Crítica de la Razón Utópica.* Bilbao: Desclée de Brouwer.

IEFP (2011). *Informação mensal do mercado de emprego.* Março de 2011, nº 3.

Instituto de Gestão da Tesouraria e do Crédito Público (2011). *Boletim Mensal - Dívida Pública.* Disponível em http://www.igcp.pt/fotos/editor2/2011/Boletim_Mensal/02BolMensal.pdf. Acedido em 27 de Abril de 2011.

IMF (2011). *Sovereign Rating News and Financial Markets Spillovers: Evidence from the European Debt Crisis. Working Paper*. Disponível em http://www.imf.org/external/pubs/ft/wp/2011/wp1168.pdf. Acedido a 27 de Abril de 2011.

INE (2010). *Rendimento e condições de vida 2009 (Dados Provisórios)*. Destaque. Informação à comunicação social de 15 de Julho de 2010. Disponível em www.eapn.pt/download.php?file=1069. Acedido a 23 de Abril de 2011.

IPEA (2011). *Gastos com a Política Social: alavanca para o crescimento com distribuição de renda*. 75, 3 de Fevereiro. Disponível em http://www.ipea.gov.br/portal/images/stories/PDFs/comunicado/110203_comunicadoipea75.pdf. Acedido a 27 de Abril de 2011.

Louçã, Francisco; Caldas, José Castro (2009). *Economia(s)*. Porto: Afrontamento.

Lourenço, Eduardo (2005). *A Morte de Colombo. Metamorfose e Fim do Ocidente como Mito*. Lisboa: Gradiva.

Macedo, Duarte Ribeiro de (1974 [1675]). "Discurso sobre a introdução das artes", *in* Sérgio, António (org.). *Antologia dos economistas portugueses (século XVII)*, Lisboa: Livraria Sá da Costa Editora, 165-229.

Marques, M. M.; Neves, V.; Frade, C.; Lobo, F.; Pinto, P.; Cruz, C. (2000). *O endividamento dos consumidores*. Coimbra: Almedina.

Martins, António Manuel (1989). "Conimbricenses", *Logos: Enciclopédia Luso-Brasileira de Filosofia*. Lisboa: Editorial Verbo, 1112-1126.

Mauss, Marcel (1950). *Essai sur le don*. Paris: PUF.

Melo, Francisco Manuel de Melo (1998-1999 [1721]). *Apólogos Dialogais*. Braga: Angelus Novus.

Mendes, José Manuel (2003). "Destinos traçados?: mobilidade intergeracional e desigualdades sociais numa perspectiva comparada", *in* Cabral, Manuel Villaverde; Vala, Jorge; Freire, André (org.), *Desigualdades e Justiça Social em Perspectiva Comparada*. Lisboa: ICS, 107-150.

Mendes, José Manuel (2009). "Social Vulnerability Indexes as Planning Tools: Beyond the Preparedness Paradigm", *Journal of Risk Research*, Volume 12, Issue 1, 43-58.

Mendes, José Manuel (2005), "'Só é vencido quem deixa de lutar': protesto e estado democrático em Portugal", *Revista Crítica de Ciências Sociais*, 72, 161-185.

Observatório do Endividamento dos Consumidores (org.); Frade, Catarina (2008), *Um perfil dos sobreendividados em Portugal*, Coimbra: Centro de Estudos Sociais.

OCDE (2008). *Growing Unequal? Income Distribution and Poverty in OECD Countries*. OECD Publishing. Disponível em http://www.oecd.org/document/4/0,3343,en_2649_33933_41460917_1_1_1_1,00.html. Acedido a 27 de Abril de 2011.

OCDE (2011). *Society at a Glance 2011. OECD Social Indicators*. OECD Publishing. Disponível em http://www.oecd.org/document/24/0,3746,en_2649_34637_2671576_1_1_1_1,00.html Acedido a 23 de Abril de 2011.

Oliveira Martins, Joaquim Pedro (1904 [1880]). *O Brasil e as Colónias Portuguesas*. Lisboa: Parceria António Mário Pereira.

Oliveira Martins, Joaquim Pedro (1994 [1887]). *Fomento Rural e Emigração*. Lisboa: Guimarães Editores.

Pereira, Miguel Baptista (1967). *Ser e Pessoa. Pedro da Fonseca I: O Método da Filosofia*, Coimbra: Universidade de Coimbra, Tese de Doutoramento.

PNUD (2010). *A verdadeira riqueza das Nações: Caminhos para o Desenvolvimento Humano*. Disponível em http://hdr.undp.org/en/reports/global/hdr2010/chapters/pt/. Acedido em 27 de Abril de 2011.

Polanyi, Karl (1944). *The Great Transformation*. Boston: Beacon Press.

Portugal, Sílvia; Martins, Paulo Henrique (orgs.) (2011). *Cidadania, Políticas públicas e Redes sociais*. Coimbra: Imprensa Universidade de Coimbra.

Queiroz, Eça (1965). *Uma campanha alegre: de 'As Farpas'*. Porto: Lello & Irmão.

Quental, Antero de (1923-31). *Prosas*. Coimbra: Imprensa da Universidade.

Quental, Antero de (1994 [1890]). "Expiação," *Política* Ponta Delgada: Edição Universidade dos Açores, 220-221.

Reis, José (2007). *Ensaios de Economia Impura*. Coimbra: Almedina/CES.

Rousseau, Jean Jacques (1968). *Do Contrato Social*. Lisboa: Portugalia.

Said, Edward (1978). *Orientalism*. Nova Iorque: Vintage Books.

Santos, Boaventura de Sousa (1993). "O Estado, as Relações Salariais e o Bem-estar Social na Semiperiferia: o Caso Português", *in* Santos, Boaventura de Sousa (org.). *Portugal: um retrato singular*. Porto: Edições Afrontamento, 15-56.

Santos, Boaventura de Sousa (1994). *Pela Mão de Alice: O Social e o Político na Pós-Modernidade*. Porto: Afrontamento.

Santos, Boaventura de Sousa (1995). *Toward a New Common Sense: Law, Science and Politics in the Paradigmatic Transition*. Nova Iorque: Routledge.

Santos, Boaventura de Sousa; Marques, Maria Manuel L.; Pedroso, João; Ferreira, Pedro Lopes (1996). *Os Tribunais nas Sociedades Contemporâneas: O Caso Português*. Porto: Afrontamento.

Santos, Boaventura de Sousa (2000). *A Crítica da Razão Indolente. Contra o Desperdício da Experiência, para um Novo Senso Comum*. Porto: Edições Afrontamento.

Santos, Boaventura de Sousa (2001a). "Entre Próspero e Caliban: colonialismo, pós-colonialismo e inter-identidade", Ramalho, Maria Irene; Sousa Ribeiro, António (orgs.), *Entre ser e estar: raízes, percursos e discursos de identidade*. Porto: Afrontamento, 23-113.

Santos, Boaventura de Sousa (2001b). "Os Processos da Globalização," *in* Santos, Boaventura de Sousa (org.). *Globalização: fatalidade ou utopia?* Porto: Afrontamento, 31-106.

Santos, Boaventura de Sousa (org.) (2003). *Democratizar a Democracia: os Caminhos da Democracia Participativa*. Porto: Edições Afrontamento.

Santos, Boaventura de Sousa (2004). *A Universidade no Século XXI. Para uma Reforma Democrática e Emancipadora da Universidade*. São Paulo: Cortez Editora.

Santos, Boaventura de Sousa (2005). *Fórum Social Mundial: Manual de Uso*. Porto: Afrontamento.

Santos, Boaventura de Sousa (2006). *A Gramática do Tempo: para uma Nova Cultura Política*. Porto: Afrontamento.

Santos, Boaventura de Sousa; Meneses, Maria Paula G.; Nunes, João Arriscado (2004). "Introdução: para Ampliar o Cânone da Ciência: a Diversidade Epistemológica do Mundo" *in* Santos, Boaventura de Sousa (org.) *Semear outras soluções: Os Caminhos da Biodiversidade e dos Conhecimentos Rivais*. Porto: Afrontamento, 19-101.

Santos, Boaventura de Sousa; Meneses, Maria Paula G. (2006). *Identidades, Colonizadores e Colonizados: Portugal e Moçambique*. Relatório Final do Projecto de Investigação POCTI/41280/SOC/2001. Coimbra: Centro de Estudos Sociais.

Santos, Boaventura de Sousa (2008), "A filosofia à venda, a douta ignorância e a aposta de Pascal", *Revista Crítica de Ciências Sociais*, 80, 11-43.

Sen, Amartya (2009). *The Idea of Justice*. Londres: Allen Lane.

Sérgio, António (1920). "Da Opinião Pública e da Competência em Democracia", *Ensaios I*. Porto: Renascença Portuguesa, 241-260.

Sérgio, António (1932). "Prefácio", *Ensaios III*. Porto: Renascença Portuguesa, 9-29.

Schumpeter, Joseph (1942). *Capitalism, Socialism and Democracy*. Nova Iorque: Harper and Row.

Teubal, M. (2007). "Economic Groups and the Rise and collapse of neoliberalism in Argentina" *in* Jilberto, Alex; Hogenboom, Barbara (orgs.) *Big Business and Economic Development*. Londres: Routledge.

Vitali, S.; Glattfelder J; Battiston, S. (2011). *The network of global corporate control*. Chair of Systems Design, ETH Zurich. Disponível em http://arxiv.org/PS_cache/arxiv/pdf/1107/1107.5728v2.pdf.

Wallerstein, Immanuel (1984). *The Politics of the World-Economy. The States, the Movements, and the Civilizations: Essays*. Cambridge: Cambridge University Press.

Warde, Ibrahim (1997). "Quién Controla los Mercados? Poderosas Oficinas dan su Calificación a los Estados", *Le Monde Diplomatique* (versão espanhola), 10 de Fevereiro, 10-11.